J'apprends le français !

Cahier d'exercices sans corrigés

(Niveaux A2 à B1)

Par Frédéric Lippold

Ce livre appartient à :

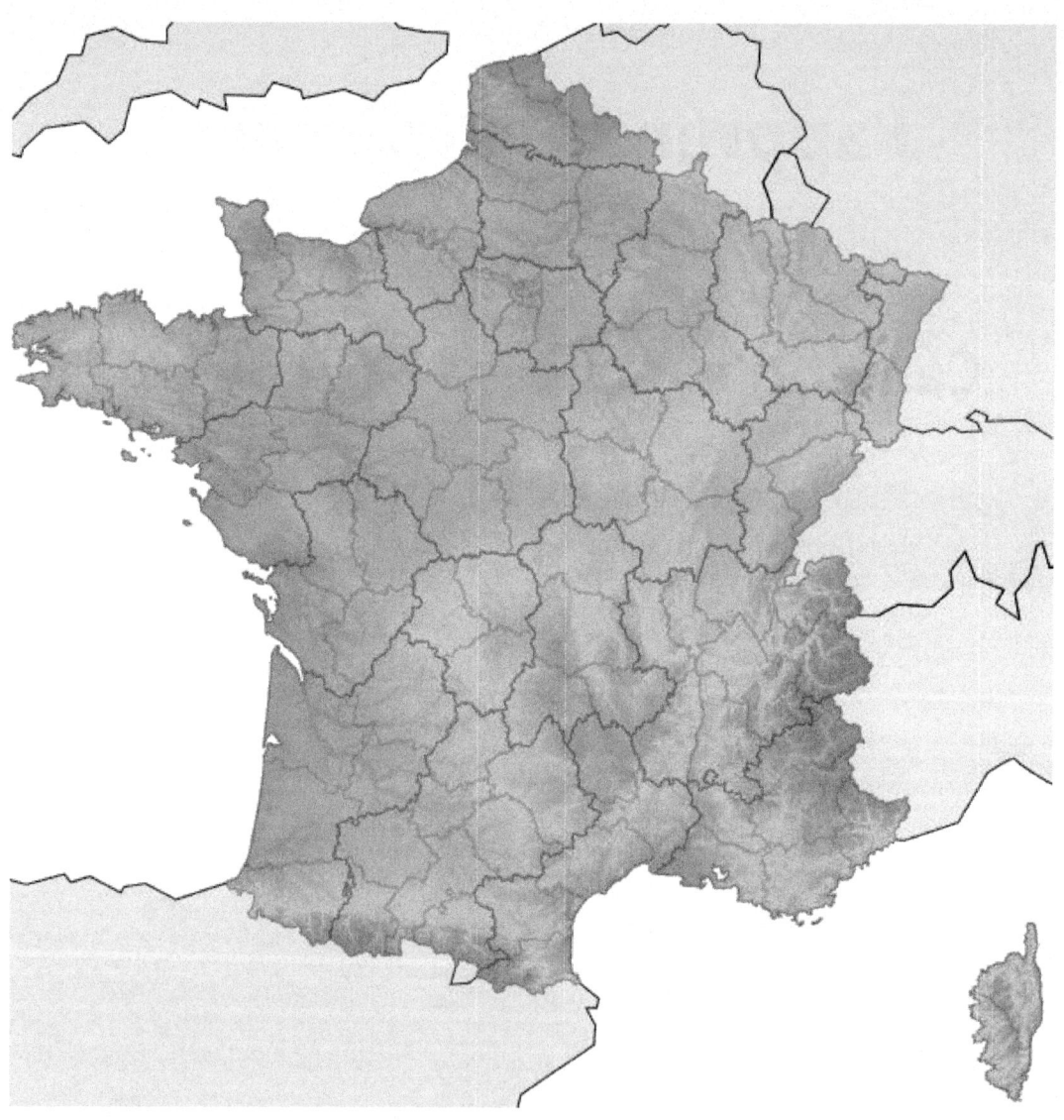

Carte de la France métropolitaine

TABLE DES MATIERES

Avant-propos 5
Thème : « *Révision de certaines bases* » 6
    Compréhension écrite : « *Les auxiliaires : les verbes être et avoir* » 6
    Compréhension écrite : « *Le verbe aller* » 7
    Mots croisés et expression écrite : « *Singulier et pluriel* » 8
    Mots croisés et expression écrite : « *Masculin et féminin* » 10
    Compréhension écrite : « *Les pronoms interrogatifs* » 12
    Compréhension écrite : « *Le présent progressif* » 13
    Leçon et exercices : Articles partitifs et quantités 15
    Expression écrite : « *La négation* » 17
    Compréhension écrite : « *Les synonymes* » 19
    Compréhension écrite : « *Les antonymes* » 20
Thème : « *L'identité* » 22
    Compréhension écrite : « *Décrire des gens* » 22
    Compréhension : « *Reconnaissance de documents administratifs français* » 23
    Expression écrite : « *Présentation de personnages* » 24
    Compréhension écrite : « *Adjectifs utiles pour la description* » 25
    Expression écrite : « *Qui suis-je ?* » 26
Thème : « *Traits de caractère* » 27
    Vocabulaire : « *Caractères et personnalités* » 27
    Vocabulaire, expression : « *Les sentiments* » 28
    Compréhension écrite : « *Chacun ses goûts !* » 29
Thème : « *Situations du quotidien* » 31
    Compréhension écrite : « *Expressions de tous les jours* » 31
    Expression écrite : « *Questions et réponses du quotidien* » 35
    Expression écrite : « *Conversation téléphonique avec un ami* » 36
    Expression écrite : « *Situations du quotidien* » 37
    Compréhension écrite : « *Invitations* » 39
Thème : « *La vie quotidienne et la routine* » 40
    Compréhension écrite 1 : « *La routine de Nathan* » 40
    Compréhension écrite 2 : « *La routine de Patrick* » 42
    Compréhension écrite : « *Une journée avec Thierry !* » 44
    Expression orale et écrite : « *Inscription à un cours* » 46
    Vocabulaire : « *les niveaux de langue* » 47
Thème : « *L'habitat* » 47
    Compréhension écrite : « *J'ai besoin de vos conseils !* » 51
    Compréhension écrite : « *Le logement en France* » 53
    Expression écrite : « *Mon chez-moi* » 56
    Expression écrite : « *Répondre à une annonce sur "Leboncoin"* » 57
Thème : « *Le monde* » 58
    Exercice de géographie : « *Planisphère : compléter la carte* » 58
    Exercice d'histoire-géographie : « *L'Europe* » 59
    Compréhension écrite : « *Bienvenue en Islande !* » 61
Thème : « *Culture et civilisation* » 64
    Compréhension écrite : « *Culture française : vérité ou préjugés ?* » 64
    Compréhension écrite : « *La vie à Paris* » 66
    Expression écrite : « *Mon pays d'accueil* » 68
    Expression écrite : « *Mon pays d'origine* » 69

    Expression écrite : « *Culture du pays d'origine* » 70
    Compréhension écrite : « *Lettre d'une étudiante à Paris* » 71
    Compréhension écrite : « *La Tour Eiffel* » 74
Thème : « *Santé et sécurité* » **76**
    Compréhension de texte : « *Comment rester en forme ?* » 76
    Compréhension écrite : « *Le sommeil et les rêves* » 78
    Compréhension de texte : « *Sécurité routière* » 80
Thème : « *L'argent* » **82**
    Compréhension écrite : « *Les achats au supermarché* » 82
    Compréhension : « *Remplir un chèque* » 83
    Expression écrite : « *Mettre de l'argent de côté* » 85
Thème : « *La météo et les vacances* » **86**
    Leçon : « *La météo* » 86
    Compréhension : « *Rose des vents et lecture du bulletin météo* » 87
    Expression écrite : « *Bulletin météo* » 89
    Compréhension écrite : « *Les vacances* » 90
    Compréhension écrite : « *Tourisme en Bretagne !* » 93
    Conjugaison : « *Discussion au passé composé* » 97
    Expression écrite : « *Mes vacances* » 99
Thème : « *Passé et présent* » **100**
    Compréhension écrite : « *La vie d'avant…* » 100
    Compréhension écrite : « *Hachiko, le chien le plus célèbre du Japon* » 102
Thème : « *Au travail !* » **104**
    Compréhension écrite : « *Travail et métiers* » 104
    Compréhension écrite : « *C'est quoi son métier ?* » 105
    Expression écrite : « *Recherche d'emploi* » 106
Thème : « *Les loisirs* » **108**
    Expression écrite : « *Mes loisirs* » 108
    Expression écrite : « *On va faire du bruit…* » 109
Thème : « *L'informatique et internet* » **110**
    Compréhension écrite : « *Vocabulaire autour de l'informatique* » 110
    Expression écrite : « *Ordinateur cassé et lettre de réclamation* » 111
    Expression écrite : « *Le progrès technologique* » 115
Thème : « *Faits divers* » **116**
    Compréhension écrite : « *Accident de la route* » 116
    Compréhension écrite : « *Âgé de huit ans, il prend le volant pour aller au McDo* » 118
Thème : « *Corrigeons nos erreurs !* » **120**
    Leçon : « *Quelques erreurs à ne pas faire* » 120
    Expression écrite : « *Correction de phrases* » 121
    Expression écrite : « *Correction de phrases (spécial anglophones)* » 124
    Expression écrite : « *Réécriture de mots* » 125
    Compréhension écrite : « *Expressions françaises* » 126
Thème : « *Aidez-moi !* » **127**
    Expression écrite : « *Réponses et conseils à donner* » 127
    Compréhension écrite : « *Je prends quel forfait ?* » 128

Avant-propos

Notre ouvrage s'adresse à des adultes et adolescents « **faux-débutants** », ayant déjà des bases en français.

Nous avons souhaité vous apporter des **séquences courtes et riches à la fois** : les exercices sont parfois accompagnés de leçons pour vous donner des informations clés.

Nous vous donnons aussi des **précisions linguistiques** afin que vous sachiez **comment les Français parlent vraiment, dans la vie de tous les jours**. Nous essayons au maximum de vous donner du lexique utilisé au quotidien par les francophones.

Les exercices **ne sont pas corrigés** : ce cahier d'exercices a vocation à être distribué aux apprenants. Si vous souhaitez avoir les corrigés, nous vous invitons à vous procurer l'édition correspondante.

Nous espérons que ce livre vous sera bénéfique.

N'hésitez pas à nous contacter pour toute remarque ou suggestion.

Bon travail !

L'auteur

Remerciements

Ce livre a été élaboré avec l'aimable soutien de l'association « *Passerelle pour l'Insertion et l'Intégration* » (P2i), qui œuvre pour l'assistance de la population locale au travers de divers pôles : cours d'alphabétisation pour adultes, médiation, soutien scolaire et maintien du lien social.

THEME : « RÉVISION DE CERTAINES BASES »

COMPRÉHENSION ÉCRITE : « LES AUXILIAIRES : LES VERBES ÊTRE ET AVOIR »

Nous allons maintenant revoir deux verbes fondamentaux : être et avoir.

① **Complétez le tableau en conjuguant ces deux verbes.**

PERSONNE	AVOIR	ÊTRE
1ère personne du singulier	J'_____	Je _____
2ème personne du singulier	Tu _____	Tu _____
3ème personne du singulier	Il _____ / Elle _____ / On _____	Il _____ / Elle _____ / On _____ / C' _____
1ère personne du pluriel	Nous _____	Nous _____
2ème personne du pluriel	Vous _____	Vous _____
3ème personne du pluriel	Ils _____ / Elles _____	Ils _____ / Elles _____

② **Complétez les phrases avec le bon verbe (conjugué ou à l'infinitif).**

1) Tu _____ malade ? Tu _____ l'air très fatigué aujourd'hui.

2) Il _____ parti en vacances hier. C' _____ triste !

3) Nous _____ de la chance ! Nous _____ en vacances !

4) Ils _____ des enfants qui _____ encore petits.

5) Vous _____ une belle maison ! Elle _____ un jardin, non ?

6) Ils _____ un cours de français tout à l'heure. Tu _____ inscrit, toi aussi ?

7) Tu _____ encore en retard ! C' _____ vraiment énervant !

8) Mon fils _____ peur de ce chien, qui _____ pourtant très gentil.

9) Tu _____ prête pour aller au restaurant ?

10) Ils _____ un rendez-vous ensemble. C' _____ pour le travail !

11) Il y _____ les clés de la maison sur la table

12) Leur père et leur mère _____ contents quand les enfants _____ de bonnes notes.

COMPREHENSION ECRITE : « LE VERBE ALLER »

① **Complétez le tableau en conjuguant le verbe « aller » au présent de l'indicatif.**

PERSONNE	ALLER
1ère personne du singulier	Je
2ème personne du singulier	Tu
3ème personne du singulier	Il / Elle / On
1ère personne du pluriel	Nous
2ème personne du pluriel	Vous
3ème personne du pluriel	Ils / Elles

② **Complétez les dialogues avec le verbe « aller » à la bonne forme.**

Un enfant parle avec son père :

1- Papa, on _____ au cirque ?
2- Au cirque ?
1- Oh oui, s'il te plaît !
2- Mais il y a un cirque à côté d'ici ?
1- Oui ! Il est sur la place de l'église. Martin et Paul y _____ aussi !
2- Bon, d'accord, je viens avec toi.
1- Super ! Je _____ me préparer !
2- Oui, et prends ton appareil photo !

Deux amis discutent :

1- Tu sais où je _____ aller avec ma famille ?
2- Non, dis-moi.
1- Nous _____ à Paris !
2- À Paris ! La chance ! Tu pars quand ?
1- Dans 3 jours ! Ça va être super ! Je _____ prendre pleins de photos !
2- Oh oui, tu me les montreras !
1- Ouais !! On _____ visiter la tour Eiffel, le Louvre…
2- Et vous voyagerez comment ?
1- Nous _____ prendre le train.

Deux amis discutent de leurs vacances :

1- Demain, je pars en vacances !
2- Ah ouais ? Tu _____ où ?
1- Je _____ en Italie.
2- C'est bien ! Moi je _____ en Espagne voir mes cousins.
1- Tu y _____ tout seul ?
2- Non, mes parents _____ venir aussi.
1- Vous _____ bien vous amuser !
2- Oui c'est sûr !
1- Bonnes vacances !
2- Merci, à toi aussi.

Deux amis discutent :

1- Salut !
2- Salut ! Tu veux _____ au ciné avec moi ?
1- Non, je ne peux pas, mes parents _____ chez des amis, je dois rester à la maison pour garder ma petite sœur.
2- Ah ok ! C'est dommage ! Tu _____ faire quoi sinon ce week-end ?
1- Je pense que je _____ regarder la télé, faire mes devoirs, jouer à l'ordinateur, regarder une série… détente, quoi ! Et toi ?
2- On _____ se promener avec ma famille ! Allez j'y _____, bonne journée mon pote !
1- Bonne journée !

Mots croisés et expression écrite : « Singulier et pluriel »

① Remplissez la grille en mettant les noms au pluriel.

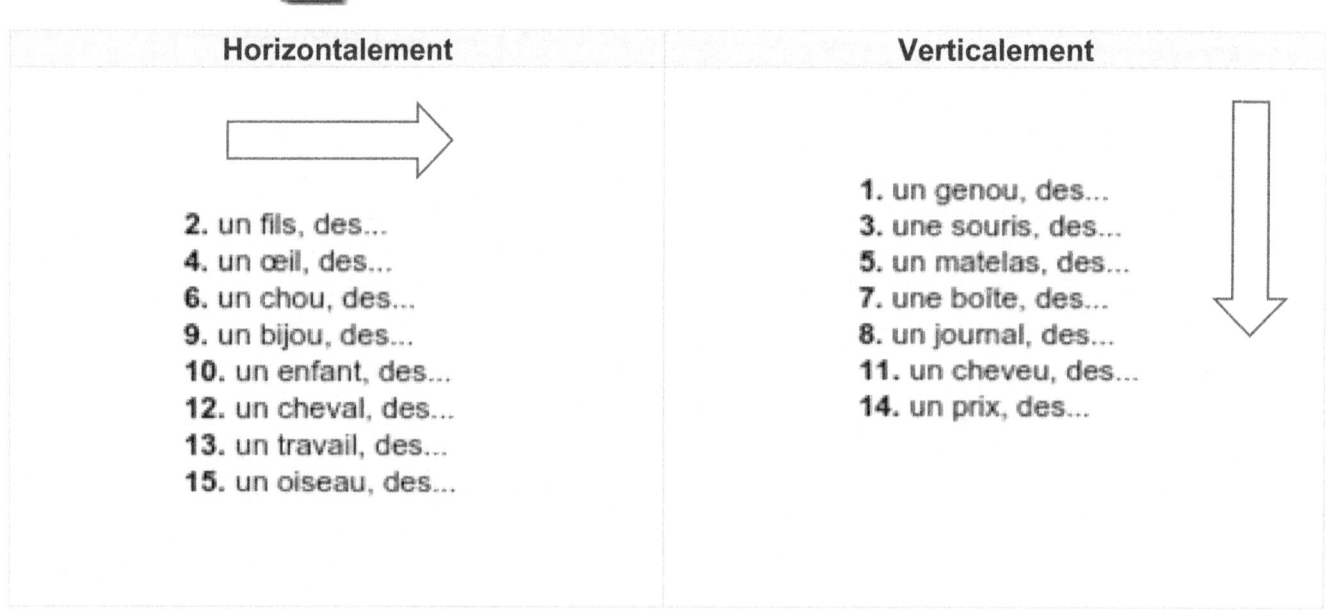

Horizontalement

2. un fils, des...
4. un œil, des...
6. un chou, des...
9. un bijou, des...
10. un enfant, des...
12. un cheval, des...
13. un travail, des...
15. un oiseau, des...

Verticalement

1. un genou, des...
3. une souris, des...
5. un matelas, des...
7. une boîte, des...
8. un journal, des...
11. un cheveu, des...
14. un prix, des...

② **Mettez les phrases suivantes au pluriel.**
Mon voisin a un chat ⇨ *Mes voisins **ont des** chats.*

1) Il a mal au genou. ⇨ Ils

2) Mon fils est en vacances. ⇨

3) Il y a une petite souris là-bas. ⇨

4) Tu as mal à l'œil ? ⇨ Vous   ?

5) Il va acheter un matelas. ⇨ Ils

6) Je mange un chou. ⇨ Nous

7) Il achète une boîte. ⇨ Ils

8) Tu lis le journal. ⇨ Vous

9) Elle porte un bijou. ⇨ Elles

10) J'ai un enfant. ⇨ Nous

11) Il a perdu un cheveu. ⇨ Ils

12) Le cheval est un animal fidèle. ⇨ Les

13) J'ai un travail à faire. ⇨ Nous

14) Le prix est élevé. ⇨ Les

15) L'oiseau vole dans le ciel. ⇨ Les

16) Le hibou est un animal nocturne. ⇨ Les

17) Ce manteau est très beau ! ⇨ Ces

18) Le pou est un parasite. ⇨ Les

19) Il y a un clou dans le pneu. ⇨ Il

20) Le crayon est cassé. ⇨ Les

Mots croisés et expression écrite : « Masculin et féminin »

① Remplissez la grille en mettant les noms au féminin.

Horizontalement

1. un oncle, une...
4. un neveu, une...
5. admiratif, ...
8. sec, ...
11. gentil, ...
12. mignon, ...
13. courageux, ...
16. le boulanger, la...
20. l'homme, la...
21. un directeur, une...
23. un ami, une...
25. le frère, la...
26. le gardien, la...
27. neuf, ...
28. sportif, ...
29. un maître, une...

Verticalement

2. attachant, ...
3. le lion, la...
6. un infirmier, une...
7. un garçon, une...
9. calculateur, ...
10. un menteur, une...
14. un veuf, une...
15. le postier, la...
17. le prince, la...
18. le vendeur, la...
19. doux, ...
22. le client, la...
24. le roi, la...

② **Mettez les phrases suivantes au féminin. Les mots en gras doivent être modifiés.**
L'homme est bavard. ⇨ *La femme est bavarde.*

1) **Le lion** est **le roi** des animaux.

⇨ _____ des animaux.

2) **Mon fils** est avec **mon frère**. ⇨ _____

3) **Le boulanger** parle avec **le postier**.

⇨ _____

4) **Le prince anglais** parle avec son **ami chinois**.

⇨ _____

5) **Le vendeur** discute avec **un client**.

⇨ _____

6) **Cet homme** est **veuf**. ⇨ _____

7) **Le directeur** est très **sportif**. ⇨ _____

8) **Le maître** d'école est un peu **sec**. ⇨ _____

9) **L'infirmier** travaille très bien. Je suis **admiratif** !

⇨ _____

10) **Mon neveu** parle avec **mon oncle**.

⇨ _____

11) **Le gardien** de l'immeuble est très **gentil**.

⇨ _____

12) **Jean** est **doux** et **attachant**.

⇨ _____

13) **Ce stylo** est **tout neuf**. ⇨ **Cette voiture** _____

14) **Mon père** est **courageux** et **dévoué** aux autres.

⇨ _____

15) **Ce garçon** est **mignon** ⇨ _____

16) **Il** est **menteur** et **calculateur**. ⇨ _____

COMPREHENSION ECRITE : « LES PRONOMS INTERROGATIFS »

En français, il existe de nombreux pronoms interrogatifs, comme : **qui**, **que**, **où**, **comment**, **quoi**, **quand**, **combien**, **à qui**... *Ils servent à* **poser des questions**.

✎ **Complétez les questions.**
Exemple : – **Qui** es-tu ? – Je suis Mohammed !

1. _____ allons-nous ? – À Paris !
2. _____ dis-tu ? – Je dis que je n'ai pas faim !
3. _____ ça coûte ? – Très cher ! Je n'ose pas te le dire… !
4. _____ ça va ? – Ça peut aller.
5. _____ tu t'appelles ? – Sylvain, et toi ?
6. _____ fais-tu dans la vie ? – Je suis manutentionnaire.
7. _____ est-ce ? – Elle ? C'est Claudia.
8. _____ d'enfants as-tu ? – J'en ai trois !
9. _____ tu parles ? – Je parle à ma mère !
10. _____ tu pleures ? – Parce que je me suis fait très mal.
11. D'_____ viens-tu ? – De Côte d'Ivoire.
12. De _____ as-tu besoin ? – D'un peu d'aide !
13. _____ est-ce que tu auras du temps ? – Tout à l'heure.
14. _____ veut faire la vaisselle ? – Pas moi, c'est mort ! Je l'ai déjà faite hier !
15. _____ tu vas au bled ? – En avion !
16. Tu fais _____ là ? – Je travaille, ça ne se voit pas ?
17. _____ est-ce que tu pars cet été ? – Je vais aux États-Unis
18. _____ est-ce qu'on va à la plage ? – Dans 20 minutes, patiente un peu !
19. _____ Il te doit ? – Une petite somme…
20. Tu arrives _____ ? – J'arrive d'Allemagne.
21. Il a ramené _____ ? – Des chips et des boissons !
22. _____ vient avec toi ? – Mon meilleur ami.

COMPREHENSION ECRITE : « *LE PRESENT PROGRESSIF* »

① **Leçon**

Le présent progressif sert à décrire **une action qui se déroule au moment où on parle**.

Il se forme avec le verbe **ÊTRE** (au présent) + ***en train de*** + verbe à l'infinitif.

Exemple : DORMIR (à la 1ère personne du singulier) ⇨ *Je suis **en train de** dormir.*

② **Conjuguez les verbes au présent progressif**

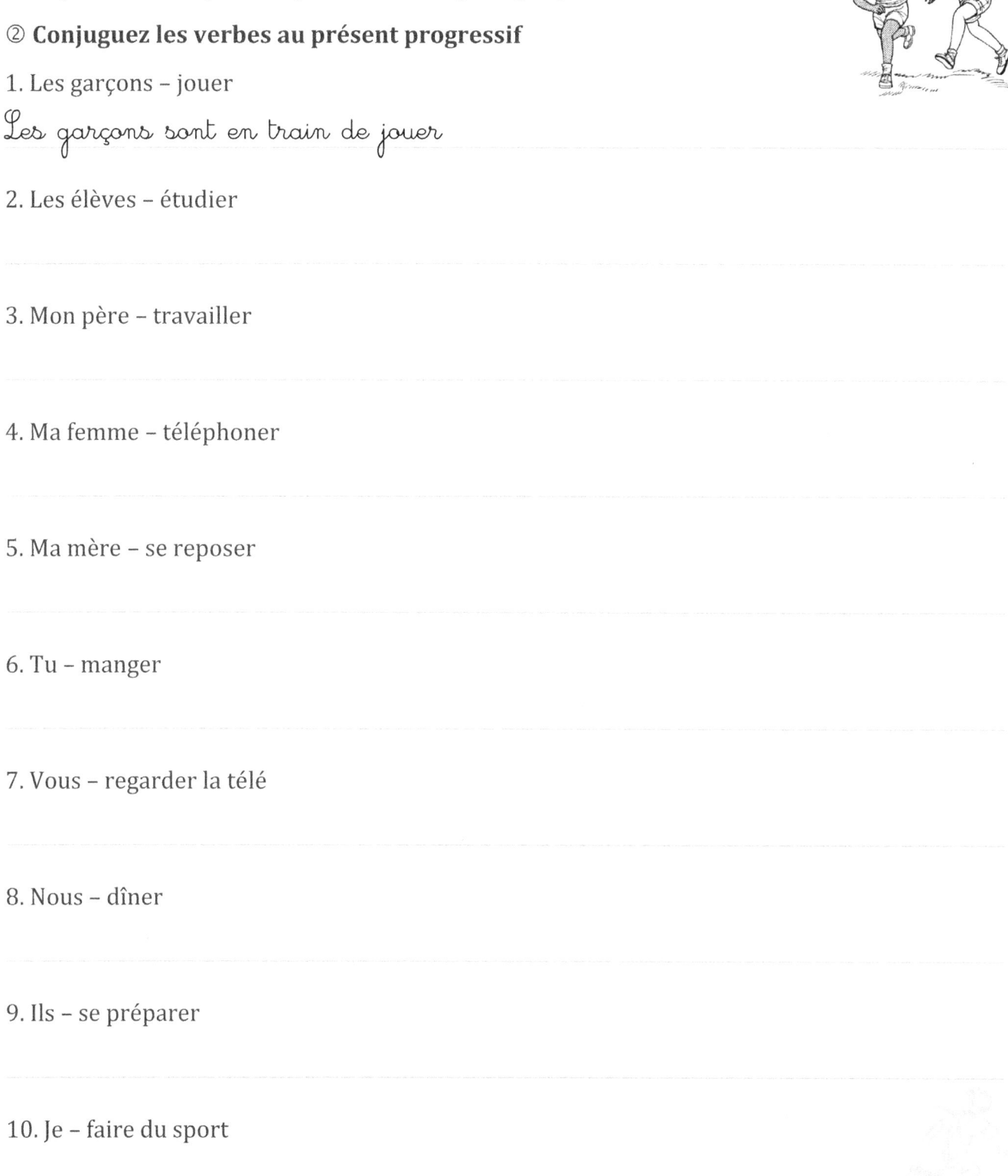

1. Les garçons – jouer

Les garçons sont en train de jouer

2. Les élèves – étudier

3. Mon père – travailler

4. Ma femme – téléphoner

5. Ma mère – se reposer

6. Tu – manger

7. Vous – regarder la télé

8. Nous – dîner

9. Ils – se préparer

10. Je – faire du sport

③ **Répondez aux questions en utilisant le présent progressif**

1. – Est-ce que tu peux venir avec moi pour faire des courses ?

– Non, ce n'est pas possible, je _____
 (travailler)

2. Tu peux venir jouer avec moi ?

– Oui attends, je _____ mon père, j'arrive juste après ! **(aider)**

3. Je peux parler à Anas ?

– Heu… Oui mais tu peux rappeler dans 10 minutes *s'te plaît*¹ ? Il _____
_____. **(se doucher / prendre sa douche)**

4. – Où est maman ?

– Dans la chambre, mais elle _____. **(dormir)**

5. – Qu'est-ce qu'on mange ce soir ?

– Tu verras ! Je suis _____.
(préparer à manger / cuisiner)

6. – Vous avez révisé pour le contrôle de demain ?

– Eh ben justement, on _____ là !
(bosser)

7. – EH PAPA ! Est-ce que…

– … Arrête de crier comme ça ! Tu vois bien qu'il _____ avec papi ! **(discuter)**

8. – Eh ! J'ai quelque chose à te montrer !

– Attends une seconde, je _____ ! **(téléphoner)**

9. – Tu viens, on va se promener un peu ?

– Pas tout de suite, _____.
(finir un dossier)

10. – La salle de bains est un peu crade², il faudrait la nettoyer !

– C'est bon, on sait ! Là on _____

dans le salon, on s'attaque après aux sanitaires ! **(faire le ménage)**

11. – Ils ont retrouvé la carte bleue ?

– Non, toujours pas ! Ils _____.

(encore - chercher)

---

¹ « *s'te plaît* » n'est pas une forme orthographique correcte, toutefois nous l'avons utilisée dans cet exemple car beaucoup de gens disent « *s'te plaît* » plutôt que la formule « *s'il te plaît* ».
² « *crade* » est un adjectif du langage familier, qui signifie « *sale* ».

Leçon et exercices : articles partitifs et quantités

① Leçon : les articles partitifs

1) Emploi des articles partitifs

On utilise les articles partitifs devant des aliments, ingrédients ou boissons ou choses **qui sont** indénombrables (= que l'on ne peut pas compter). On les utilise aussi pour désigner **une partie** d'un aliment.

Exemples :
- *Je mange **du** fromage et **du** pain* (= je ne mange pas tout le fromage ni tout le pain, mais seulement **une partie**).
- *Tu bois **de l'**eau ou **du** coca ? - Je voudrais un café avec **du** lait.*
- *Tu veux **du** poulet ?* (= un **morceau** du poulet, et non pas tout le poulet)

2) Formation

Tableau des articles partitif :

	Masculin	Féminin
Singulier	du *avant une voyelle :* **de l'**	de la *avant une voyelle :* **de l'**
Pluriel	des	des

On écrit « **de l'** » devant les voyelles (a, e, i, o, u, y) et la lettre h
Exemples : - *Le matin, je mange **du** pain, **du** beurre et **de la** confiture.*
- *Le soir, je mange **du** poulet, **du** riz ou **des** pâtes ainsi que **des** légumes, et je bois **de l'**eau.*

② Exercice : trouvez l'article qui convient : « de », « du », « de la », « de l' », ou « des »

(♂ = masculin ; ♀ = féminin)

1. Il achète ___ petits pois, ___ pain ♂, ___ jus d'oranges ♂ et ___ menthe ♀ au marché.
2. Elle veut ___ salade ♀ et ___ frites ♀ avec son plat. Et ___ ketchup ♂ aussi !
3. Mon père sait jouer ___ piano ♂. Mais il n'a plus ___ motivation ♀ : il a donc arrêté d'en jouer.
4. Elle aime manger ___ pâtes avec ___ gruyère ♂ ou ___ parmesan ♂.
5. Mon ami a ___ chance ♀ en ce moment : il a gagné ___ argent ♂ lors d'un concours.
6. Elle voudrait ___ thé vert ♂ pour ce soir, avec ___ petits gâteaux.
7. Ils aiment bien boire ___ café ♂ avec un peu ___ lait ♂ au petit-déjeuner.
8. Vous avez ___ argent ♂ et ___ temps ♂ pour faire ___ courses ?
9. Tu veux ___ sauce ♀ au poivre avec ___ ♀ viande ?
10. Tu peux acheter ___ miel ♂ et ___ biscottes s'il te plaît ?
11. Ah, tu as mis ___ moutarde ♀ et ___ persil ♂ dans la salade ! Je n'aime pas ça !
12. Tu préfères prendre ___ eau plate ou ___ eau gazeuse ?
13. Kaddyjatou m'a offert ___ kinkéliba ♂ : c'est une plante qui vient ___ Afrique ♀ de l'ouest et qui a ___ vertus pour la santé. Beaucoup ___ gens ___ région ♀ aiment boire l'infusion ___ plante ♀.
14. Aïssatou a préparé ___ tièb ♂ : c'est un plat ___ Afrique subsaharienne, à base ___ riz ♂.
15. Juliette m'a préparé ___ beurre ♂ préparé à la façon indienne : on appelle ça ___ ghee ♂.
16. La salade comportait ___ thon ♂, ___ maïs ♂, ___ huile d'olive, pas mal ___ sel, ___ vinaigre ♂, ___ tomates fraîches et ___ mozzarella ♀.
17. J'ai ___ enfants ! Cela demande ___ travail ♂, ___ amour ♂ et beaucoup ___ patience ♀ !
18. Tu as ___ espace ♂ sur ton bureau pour ranger ___ affaires ? J'ai trop ___ trucs ♂ sur ma table.

③ Leçon : Les quantités

Lorsqu'on exprime une quantité, l'article partitif **change de forme**, et est accompagné d'un **adverbe** qui précise la quantité.

• Du ..., de l'..., de la ..., des ...

⇨ **un peu de** ... / **un peu d'**...
⇨ **beaucoup de** ... / **beaucoup d'**... - **pas beaucoup de** ... / **pas beaucoup d'**...
⇨ **assez de** ... / **assez d'**...
⇨ **un morceau de** ... / **un morceau d'**...
⇨ **un kilo de** ... / **un kilo d'**...
⇨ **pas de**... / **pas d'**...

Exemples :
- *Tu manges du pain.* ➢ *Tu manges **un morceau de** pain.*
- *Je bois de l'eau.* ➢ *Je bois **un verre d'**eau.*
- *Il mange des légumes.* ➢ *Il mange **beaucoup de** légumes.*
- *Tu as de la confiture.* ➢ *Tu as **assez de** confiture.*
- *J'ai acheté des pommes.* ➢ *J'ai acheté **un kilo de** pommes.*

Avec une négation (si la quantité d'aliments est nulle),
➢ **du, de l', de la** et **des** devient : « **ne ... pas de...** » / « **ne ... plus de...** » ou « **ne ... pas d'...** » / « **ne ... plus d'...** »
Exemples :
- *Je mange du fromage.* –> *Je **ne** mange **pas** de fromage.*
- *Il consomme des produits laitiers.* –> *Je **ne** consomme **plus** de produits laitiers.*

Attention ! Avec les verbes d'appréciation **aimer, adorer, détester, préférer**, etc., on utilise <u>l'article défini</u> **le, la, l', les.**
Exemples :
- *Je mange du poisson car **j'adore le** poisson.*
- *Je bois de l'eau pétillante car **j'aime l'**eau pétillante.*

④ Exercice : Transformez les phrases en rajoutant les mots entre parenthèses.

Exemple : J'ai besoin d'aide (transformer avec : « un peu ») ⇨ *J'ai besoin **d'un peu d'**aide.*

1. Mes enfants mangent des légumes
(*Transformer avec :* « **pas beaucoup** »)

⇨ Mes enfants ne _____ légumes.

2. Tu peux acheter des pommes ?
(*Transformer avec :* « **environ 1 kg** »)

⇨ Tu peux acheter _____ pommes ?

3. Elle a de l'argent. Elle peut acheter une voiture.
(*Transformer avec :* « **assez** » *et fusionner les deux phrases en utilisant* « **pour** »)

⇨ Elle _____ .

4. Il a de la chance. Il a gagné au Loto.
(*Transformer avec :* « **pas de / pas d'** » *et mettre la 2ème phrase sous forme négative en ajoutant le mot* « **jamais** »)

⇨ Il _____ .

5. Je suis quelqu'un qui mange beaucoup de fruits et de légumes
(*Transformer en phrase négative en utilisant* « **jamais** »)
⇨ Je _____

EXPRESSION ECRITE : « *LA NEGATION* »

Leçon : On construit la négation avec les mots « **ne … pas** ».

- Si « **ne** » est suivi d'un verbe avec consonne (b, c, d, f, g, h, j, k, l, m, n, p, q, r, s, t, v, w, x, z), on écrit « **ne + verbe + pas** ».
  *Exemple : je **ne** fume **pas**.*

- Si « **ne** » est suivi d'un verbe avec voyelle (a, e, i, o, u, y), on écrit « **n' + verbe + pas** ».
  *Exemple : Je **n'**aime **pas** ça.*

Remarque : à l'oral, le « **ne** » et le « **n'** » disparaissent souvent.
   Je ne sais pas ⇨ *« Je sais pas »*
   Je n'aime pas ⇨ *« J'aime pas »*

① **Exercice : Mettez ces phrases à la forme négative.**

Exemples : J'ai peur ⇨ *Je n'ai pas peur ; Je suis grand* ⇨ *Je ne suis pas grand*

1) J'ai très faim aujourd'hui.

2) Il se sent bien.

3) On va se promener tout à l'heure.

4) Tu peux m'aider ?

5) Je pourrai venir ce soir.

6) Il a besoin d'un coup de main.[1]

7) On a besoin d'argent.

8) Nous sommes au parc.

9) Je suis à la maison.

10) J'ai reçu une réponse ce matin

11) Quelqu'un est passé ?

12) Il me reste encore de l'argent.

---
[1] = Il a besoin d'**aide** (« *avoir besoin d'un coup de main* » est une expression)

13) Tu as tout mangé ?

14) Tu es déjà levée ?!

15) C'est bon pour la santé !

16) Je vais quelque part !

17) Il parle beaucoup.

18) Un voisin est passé.

19) Tout le monde a faim.

20) Je n'ai pas d'argent.

② **Exercice : Mettez ces phrases à la forme positive.**

Exemples : Je n'ai pas peur ⇨ J'ai peur ; Je ne suis pas grand ⇨ Je suis grand

1) Je ne sais pas.

2) Ce n'est pas très loin d'ici.

3) Vous ne pouvez pas vous tromper.

4) Je n'habite pas dans le coin.

5) Il n'a pas d'enfants.

6) On n'a pas faim.

7) On n'a pas envie de sortir.

8) On n'a pas de temps pour jouer.

9) Nous avons des soucis.

Les synonymes

Les synonymes sont des mots qui ont un sens proche. Exemple : faute et erreur.

① **Reliez les mots qui sont synonymes.**

Paresseux • • Marrant

Bizarre • • Erroné

Difficile • • Étrange

Drôle • • Identique

Faux • • Fainéant

Certain • • Coûteux

Cher • • Compliqué

Pareil • • Sûr

② **Trouvez le synonyme qui correspond dans chaque phrase, et recopiez la réponse.**

a) La fourmi est un insecte très petit. C'est un insecte...

☐ malheureux.
☐ minuscule.
☐ faible.

b) Il a donné une réponse juste. Cette réponse est...

☐ déplacée.
☐ erronée.
☐ correcte.

c) Son gosse est mal élevé.

☐ Son frère est difficile.
☐ Son enfant manque d'éducation.
☐ Son fils est tristounet.

d) Mon père est très fatigué. Il est...

☐ exténué.
☐ énervé.
☐ énergique.

e) Ce garçon est très dynamique. Il est...

☐ énergique.
☐ nonchalant.
☐ paresseux.

f) Il est vraiment fatigant. Il est...

☐ énervant.
☐ charmant.
☐ prévenant.

③ **Trouvez l'intrus dans chaque séquence.**

1- fatigué – raplapla – robuste – épuisé – abattu

2- odieux – sympa – agréable – aimable – avenant

3- contrarié – satisfait – chagriné – embêté – peiné

Les antonymes

Les antonymes correspondent aux contraires. Exemple : gentil et méchant sont des antonymes.

① **Trouvez le mot contraire correspondant, à partir de la liste.**

Liste des mots : mince, laid, chaud, atterrir, plein, énervé, réservé, lent, triste, vider

1) Ce chat est beau ! ≠ Ce chat est _____ !

2) L'avion va bientôt décoller ≠ L'avion va bientôt _____ !

3) Cet homme à la caisse est très calme ≠ Cet homme à la caisse[1] est très _____ !

4) Il est assez gros ≠ Il est assez _____ !

5) Pouvez-vous remplir mon verre ? ≠ Pouvez-vous _____ mon verre ?

6) Il fait froid ici ≠ Il fait _____ ici.

7) Le cheval est rapide ≠ Le cheval est _____.

8) Il est très ouvert aux autres ! ≠ Il est _____.

9) Le réservoir d'essence est vide ≠ Le réservoir d'essence est _____.

10) Il a l'air heureux ≠ Il a l'air _____.

② **Trouvez les mots contraires (avec préfixe)**

1) Cet homme triche souvent. Il est _____ (contraire d'*honnête*).

2) Mon papi a 80 ans et est encore plein d'énergie ! Il est _____ (contraire de *fatigable*).

3) Quel mauvais garçon ! Il répond à ses parents[2] et est très _____ (contraire de *poli*).

4) Elle a changé de pays et ne voit plus ses amis. Je la sens un peu _____ (contraire d'*heureuse*).

5) C'est _____ d'avoir trois yeux ! (contraire de *possible*).

6) Tu peux m'aider à _____ cette armoire ? (contraire de *monter*).

7) On lui a mis des menottes pour qu'il reste _____ (contraire de *mobile*).

8) Elle répond mal aux gens… Quelle femme _____ ! (contraire d'*agréable*).

9) C'est _____ de se lever tôt le matin ! (contraire de *facile*).

10) Tu peux écrire un peu mieux ? Ta lettre est _____ ! (contraire de *lisible*).

11) Mon fils casse tout le temps de la vaisselle ! Il est assez _____ ! (contraire de *adroit*).

12) Il fronce les sourcils. Il a l'air _____ (contraire de *content*).

---

[1] La « caisse » désigne ici la caisse d'un magasin. Dans le langage familier, une « caisse » veut aussi dire une voiture. Exemple : « *Ma caisse est tombée en panne.* »

[2] « Répondre à quelqu'un » peut signifier « **mal** répondre à quelqu'un ». Quand on dit : « *il répond à ses parents !* », il faut comprendre que l'enfant parle mal à ses parents, est désagréable avec eux.

② **Mots croisés : Trouvez les mots contraires correspondants.**

Horizontalement

2. Contraire de froid
6. Contraire de grand
8. Contraire de compliqué
10. Contraire d'identique
12. Contraire de léger

Verticalement

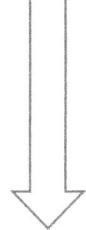

1. Contraire de vieux
3. Contraire de bon
4. Contraire de dernier
5. Contraire de heureux
6. Contraire de sale
7. Contraire de méchant
9. Contraire de chaud
11. Contraire de moche

THEME : « L'IDENTITE »
COMPREHENSION ECRITE : « DECRIRE DES GENS »

✎ Lisez les deux textes et répondez aux questions.

Maria nous présente sa grande sœur et son petit frère.

Inès

Ma sœur s'appelle Inès et elle a 21 ans. Elle travaille dans un bureau : elle est assistante. Elle est grande, elle a les yeux noisette, les cheveux bruns, longs et bouclés.

Elle porte parfois des lunettes rouges et elle lit souvent des livres à la bibliothèque.

Lorsqu'elle ne lit pas, elle va parfois à la salle de sport pour faire de la gymnastique. Elle aime bien y aller deux à trois fois par semaine. Etant donné qu'elle fait du sport, elle est fine, forte et en bonne santé.

C'est aussi une personne drôle : elle adore rigoler avec ses amis et rencontrer de nouvelles personnes. Du coup, elle est toujours très entourée. Inès est très souriante. Elle est aussi généreuse et aide ses proches quand ils en ont besoin. Tout le monde l'apprécie.

Je suis vraiment contente qu'elle soit ma grande sœur !

Gabriel

Mon petit frère s'appelle Gabriel et il a 4 ans. Il est à l'école maternelle, en moyenne section. Il est plus jeune et plus petit que moi, mais il prétend qu'il est le plus grand de sa classe.

Gabriel a les cheveux bruns et bouclés, de grands yeux et une petite bouche. Il ne porte pas de lunettes.

Malheureusement, il n'aime pas trop travailler, contrairement à ma grande sœur et moi. Il préfère regarder la télé et jouer avec la tablette. Son jeu préféré est un jeu de monstres.

Il dit qu'il veut être pompier quand il sera grand.

Parfois, durant le week-end, ses amis viennent lui rendre visite pour jouer.

Gabriel est mon petit frère, je l'aime bien mais parfois il est un peu paresseux, et surtout très bruyant !

1. Quel âge a Inès ? _____
2. Quel âge a Gabriel ? _____
3. Quel est le travail d'Inès ? _____
4. À quelle école est Gabriel ? _____
5. Est-ce qu'Inès aime lire ? _____
6. Que veut faire Gabriel plus tard ? _____
7. Quel est le caractère d'Inès ? _____
8. Qui aime regarder la télé ? _____
9. Qui est paresseux ? _____
10. Quel sport fait Inès ? _____

COMPREHENSION : « *RECONNAISSANCE DE DOCUMENTS ADMINISTRATIFS FRANÇAIS* »

① **Inscrivez dans l'espace vide la lettre qui correspond à chaque image.**

1. _____
2. _____
3. _____
4. _____
5. _____
6. _____
7. _____
8. _____
9. _____
10. _____

A. Une **carte bancaire**, aussi appelée **carte bleue** (⇨ pour payer)

B. Une **carte Navigo** (⇨ pour prendre les transports en commun)

C. Un **passeport**

D. Des **tickets T+** (pour prendre les transports en commun)

E. Une **carte Vitale** (utilisée pour les frais de santé)

F. Une **carte d'identité**

G. Un **livret de famille**

H. Une **carte de séjour**

I. Une **carte de visite**

J. Un **permis de conduire**

EXPRESSION ECRITE : « PRESENTATION DE PERSONNAGES »

✏ **Présentez les personnages suivants.**

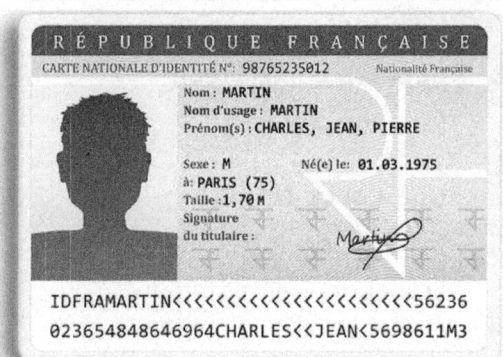

1ᵉʳ personnage : *Donnez le maximum d'informations sur lui : nom, prénom, date de naissance, taille…*

Cet homme s'appelle _____

_____

_____

_____

_____

2ᵉᵐᵉ personnage :
Prénom : Marcel
Nom[1] : Dupont
Date de naissance : 10 août 1950
Lieu de naissance[2] : Paris 15ᵉᵐᵉ
Adresse : 66 avenue des Champs-Élysées, 75008 Paris
Situation familiale : marié, deux enfants
Profession : Boulanger
Centres d'intérêt : Lecture, promenades, cinéma, shopping[3]

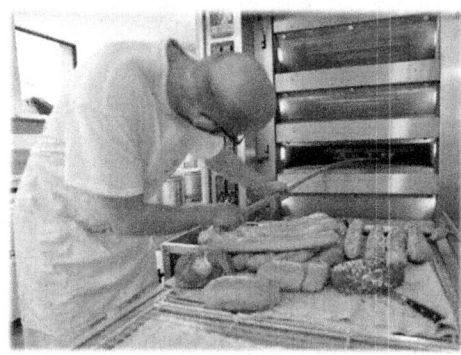

Cet homme s'appelle _____

_____

_____

_____

_____

_____

---

[1] **Normalement, on met le prénom avant le nom** (« pré » veut dire « avant »). Cependant, on trouve souvent le nom avant le prénom, notamment dans les papiers administratifs. Parfois, on trouve aussi le nom tout en majuscules, par exemple : « *François DUMOULIN* ». C'est utile pour différencier le nom et le prénom, lorsqu'on peut confondre les deux (Exemple : *Charles MICHEL*).

[2] Lorsqu'on est né à Paris, on indique généralement l'arrondissement à côté, sur les papiers administratifs. Il y a 20 arrondissements à Paris. Note : les villes de **Lyon** et de **Marseille** ont aussi des arrondissements (9 arrondissements à Lyon et 16 à Marseille).

[3] Attention : « **faire du shopping** » ne veut pas dire « **faire les courses** » ! Quand on fait du shopping, on achète des choses surtout pour **se faire plaisir**, comme lorsqu'on achète des chaussures, des vêtements… c'est plutôt une activité de loisirs. « *Faires les courses* » ou « *faire des courses* » fait plutôt référence à une obligation, lorsqu'on va acheter de la nourriture par exemple.

COMPREHENSION ECRITE : « *Adjectifs utiles pour la description* »

Lisez le texte et complétez les espaces vides avec les mots de gauche. Dans ce texte, nous allons utiliser des adjectifs utiles pour décrire les gens.

Liste des mots

B   bruns
C   commère
      courageux
E   élancé
F   farceur
      frisés
H   hyperactif
I   impatient
      intelligente
M   mince
P   paresseux
R   ridé
S   sociable
      sérieux
      sportif

1. Elle a les cheveux raides. Moi, j'ai les cheveux _____.

2. Mon frère n'est pas un _____. Il étudie à l'université et a aussi un travail à temps partiel !

3. Mon camarade de classe est un vrai _____. Il n'arrête pas de faire des blagues à tout le monde !

4. Je ne suis pas petit : au contraire, je suis assez _____.

5. J'ai perdu 10 kilos. À présent, je suis _____.

6. Mon cousin a le contact facile et aime bien se faire de nouveaux amis. Il est très _____.

7. Un de mes amis a les cheveux roux, ma femme a les cheveux blonds, tandis que moi, j'ai les cheveux _____.

8. Le visage de ma grand-mère est assez _____ mais je trouve qu'elle est encore très jolie.

9. Mon voisin ne sourit jamais. Il a toujours un air très _____.

10. Au moindre problème, mon frère commence à s'énerver. Il est vraiment _____ !

11. Depuis qu'il a l'âge de dix ans, il travaille pour sa famille. Qu'est-ce qu'il est _____ !

12. Son enfant bouge partout. Il ne tient pas en place. Je crois qu'il est _____.

13. Elle parle toujours sur le dos des autres. Quelle _____ !

14. Il adore courir, nager, grimper… C'est un vrai _____.

15. Ma sœur a fait de brillantes études. Elle est très _____.

EXPRESSION ECRITE : « *QUI SUIS-JE ?* »

Nous allons essayer de répondre à des questions simples.

✎ **Répondez aux questions ci-dessous.**

1. En ce moment, vous vous sentez en forme ou vous êtes plutôt fatigué(e) ?

2. Est-ce que vous avez un ordinateur ? Vous l'utilisez beaucoup ?

3. Est-ce que vous faites le ménage ? À quelle fréquence le faites-vous ?

4. Quel est votre caractère ? Êtes-vous plutôt réservé ou plutôt bavard ?

5. Quels sont vos loisirs favoris ?

6. Pouvez-vous faire une petite description de vous-même ?

7. Comment êtes-vous habillé(e) aujourd'hui ?

THEME : « *TRAITS DE CARACTERE* »
VOCABULAIRE : Caractères et personnalités

① **Choisissez le mot correspondant dans chaque phrase.**

> **Liste des mots** : anxieux (ou anxieuse), comique, dynamique, élégant (ou élégante), éloquent (ou éloquente), enthousiaste, généreux (ou généreuse), honnête, impulsif (ou impulsive), orgueilleux (ou orgueilleuse), patient (ou patiente), responsable, sympathique

1) Il se croit supérieur aux autres. Il est _____.

2) Elle s'emporte très vite (= elle s'énerve très vite). Elle est _____.

3) Il est drôle : il fait rire tout le monde. C'est un vrai _____ !

4) Les enfants sont souvent agités mais leur mère reste calme. Elle est _____.

5) Il est gentil, on se sent bien avec lui. Il est vraiment _____.

6) Il aime partager ce qu'il a. C'est quelqu'un de _____.

7) Il parle très bien en public. C'est quelqu'un d' _____.

8) Elle ne ment jamais. C'est quelqu'un d' _____.

9) Il est toujours plein d'énergie et bouge beaucoup. Il est vraiment _____.

10) Il s'habille très bien, avec des vêtements à la mode. C'est une personne _____.

11) Elle est souvent très inquiète. Elle est de nature _____.

12) C'est quelqu'un de réfléchi, de fiable et de sérieux. Il est très _____.

② **Entourez les adjectifs corrects dans chaque phrase.**

1) Mon frère est assez *maladroit / malfaisant* : il fait souvent tomber des objets et il casse des trucs[1].

2) – Cet homme est *introverti / intègre* : il a ramassé mon portefeuille et il est venu me le rendre.

– Ah oui, c'est *adorable / optimiste*. Certaines personnes n'auraient pas hésité à le garder !

3) – Mon fils est très *détendu / peureux* : il se cache dès qu'il voit un chien !

– Ah bon ? D'un côté, il a raison d'être *prudent / enfantin* : certains chiens sont méchants

et peuvent être *dangereux / affectueux*.

4) – Ma fille est très *imprudente / sensible* : elle a les larmes aux yeux dès que j'élève un peu la voix.

– Ah, ce n'est pas la même chose pour la mienne ! Elle n'en fait qu'à sa tête !

Parfois elle est vraiment *énervante / énervée* parce qu'elle ne veut rien écouter.

---

[1] « *un truc* » = « *une chose* ». Le mot « *truc* » (on peut aussi dire un « *machin* ») est très utilisé par les français. Les mots « *truc* » et « *machin* » sont des mots familiers.

 **VOCABULAIRE, EXPRESSION : Les sentiments**

Complétez les phrases avec les adjectifs suivants (plusieurs réponses sont parfois possibles) :

dégoûté/dégoûtée - dubitatif/dubitative - effrayé/effrayée - enthousiaste - fâché/fâchée - indifférent/indifférente - jaloux/jalouse - ravi/ravie - stressé/stressée - timide - touché/touchée - vexé/vexée

1) Je suis _____ ! Quelqu'un a abîmé ma voiture !

Trouvez des synonymes à cette expression :
Je suis _____

? Conversation : Citez la dernière chose qui vous a mis en colère.

2) Je l'ai aidé tout l'après-midi et même pas un merci ! Je suis _____ !

On peut aussi dire (langage familier) : _____

3) Il prétend que le sport est mauvais pour la santé… je suis assez _____ !

4) Mon fils ne parle pas beaucoup aux autres enfants… Il est très _____.

On peut dire aussi : _____

? Conversation : Est-ce que vous êtes extraverti(e) ou plutôt réservé(e) ?

5) J'ai du mal à dormir car j'ai des frayeurs. Je me fais beaucoup de soucis pour le travail, les enfants… Je suis quelqu'un de très _____.

On peut aussi dire : _____

? Conversation : Et vous, vous vous faites souvent des soucis ? Si oui, pour quoi ?

6) Je me suis plaint de l'état du magasin et de l'attitude des caissières, mais la dame de l'accueil était complètement _____ ! Elle s'en foutait royalement !

7) J'ai proposé à [ma femme / mon mari] d'aller courir, mais [elle / il] n'était pas très _____ !

On peut dire aussi : _____

8) Je lui ai offert une bague mais elle n'avait pas l'air très _____. Peut-être qu'elle n'aime pas les bagues en plastique.

On peut dire aussi : elle n'avait pas l'air _____.

9) Il a subi une tentative de cambriolage : un homme a tenté de forcer sa porte mais n'a pas réussi. Il était très _____ !

On peut dire aussi : il a eu une _____.

10) La dernière fois, j'ai parlé un peu sèchement à ma mère. Elle était assez _____…

11) Pour me remercier, elle m'a offert un beau cadeau. Ça m'a beaucoup _____.

? Conversation : Mentionnez quelque chose qui vous a ému, vous a beaucoup plu.

12) Il est un peu _____ car son frère réussit mieux que lui.

On peut aussi dire : _____.

COMPREHENSION ECRITE : « *CHACUN SES GOUTS !* »

① **Exercice préparatoire : conjuguez les verbes suivants.**

Adorer – Aimer (bien) – Apprécier – Ne pas aimer – Détester - Haïr

PERSONNE	ADORER ☺☺	AIMER ☺
1ère personne du singulier	J'	J'
2ème personne du singulier	Tu	Tu
3ème personne du singulier	Il / Elle / On	Il / Elle / On
1ère personne du pluriel	Nous	Nous
2ème personne du pluriel	Vous	Vous
3ème personne du pluriel	Ils / Elles	Ils / Elles

PERSONNE	APPRECIER ☺	NE PAS AIMER ☹
1ère personne du singulier	J'	Je
2ème personne du singulier	Tu	Tu
3ème personne du singulier	Il Elle On	Il Elle On
1ère personne du pluriel	Nous	Nous
2ème personne du pluriel	Vous	Vous
3ème personne du pluriel	Ils / Elles	Ils / Elles

PERSONNE	DETESTER ☹☹	HAÏR ☹☹
1ère personne du singulier	Je	Je
2ème personne du singulier	Tu	Tu
3ème personne du singulier	Il / Elle / On	Il / Elle / On
1ère personne du pluriel	Nous	Nous
2ème personne du pluriel	Vous	Vous
3ème personne du pluriel	Ils / Elles	Ils / Elles

② **Exercice d'écriture : exprimez vos goûts en utilisant les verbes d'appréciation suivants.**

☺ Adorer - Être fan de… - Aimer (beaucoup / bien) - Kiffer[1] - Apprécier ☺
≠
☹ Ne pas aimer - Détester - Haïr - Avoir horreur de… ☹

Exemples d'activités : Aller au cinéma - Jouer aux jeux vidéo - Lire des livres - Regarder la télévision - Aller sur internet - Regarder des vidéos sur YouTube - Cuisiner - Dormir - Voyager - Me promener - Écouter de la musique - Danser - Faire les courses - Faire du shopping…

---

[1] Langage familier (« *kiffer* » est assez utilisé par les jeunes)

THEME : « *SITUATIONS DU QUOTIDIEN* »
COMPREHENSION ECRITE : « *EXPRESSIONS DE TOUS LES JOURS* »

Leçon : quelles sont les formules utilisées par les français dans la vie de tous les jours ?

1) Saluer (quand on se voit)

Le matin ou pendant la journée :
- Bonjour ![1]

En fin de journée, le soir, la nuit :
- Bonsoir !

Pour quelqu'un qu'on connaît bien (un ami, une amie, la famille) :
- Salut !
- Coucou !
- Hello !
- Yo ! / Wesh ! (*pour les jeunes ; langage familier*)

2) Saluer (quand on se quitte)

Au revoir ! / À plus tard / À bientôt / À la prochaine / Ciao ! (*prononcer "tchao", « ciao » vient de l'italien*) / Bye ! (*prononcer « baï », « bye » vient de l'anglais goodbye*).

Le matin ou pendant la journée :
- Bonne journée !

En fin de journée :
- Bonne soirée ![2]

La nuit (pour les proches) :
- Bonne nuit ![3]
- Bonne fin de soirée

3) Demander quelque chose

Le français n'est pas toujours très direct : il faut utiliser des formules pour demander quelque chose.

« *Je voudrais …* » ; « *Je peux avoir… ?* » ; « *Je pourrais avoir… ?* ». Il est conseillé d'ajouter « *s'il vous plaît* » (svp) ou « *s'il te plaît* » (stp).

Exemples : « *Je pourrais avoir une baguette s'il vous plaît ?* » ; « *Tu peux me donner ton numéro (de téléphone) s'il te plaît ?* »

4) L'humeur

Il y a plusieurs façons de demander si ça va :
- « *Comment ça va ?* » / « *Ça va ?* »
- « *Tu vas bien ?* » / « *Vous allez bien ?* »
- « *Comment vas-tu ?* » / « *Comment allez-vous ?* »
- « *La forme ?* » (*plutôt familier*) / « *La pêche ?* » (*encore plus familier*)

5) Rencontre

Lorsqu'on rencontre une personne la première fois, on peut dire « *enchanté* » au moment des présentations.

---

[1] Attention : l'expression « *Bon matin* » ne se dit pas en France.
[2] En général, on ne dit pas « *bonsoir* » lorsqu'on se quitte, mais « *bonne soirée* ».
[3] Attention : « *Bonne nuit* » est une expression un peu intime, généralement destinée à des proches ou aux membres de la famille. Ainsi, on ne dit pas « *bonne nuit* » à quelqu'un qu'on connaît peu ou qu'on ne connaît pas.

« – Bonjour ! (Je suis) Alice, **enchantée**.

– **Enchanté** ! (Je suis) Pierre. »

6) Lorsqu'on revoit une personne qu'on n'a pas vue depuis longtemps

Quand on revoit une personne après un certain temps, on peut lui demander de ses nouvelles.

« *Quoi de neuf ?* »

« *Qu'est-ce que tu deviens ?* », « *Qu'est-ce que tu racontes ?* »

7) Remerciements

Pour remercier quelqu'un, on dira : « *merci* », « *je vous remercie* » / « *je te remercie* ».

Pour accentuer les remerciements, on peut dire : « *merci beaucoup* », « *un grand merci* », « *je vous remercie du fond du cœur* » ou plus fort encore : « *merci infiniment !* »

Celui qui reçoit les remerciements peut dire : « *je vous en prie* » / « *je t'en prie* », ou bien « *de rien* » / « *ce n'est rien* » = « *c'est rien* », ou encore « *c'est normal* ».

8) S'excuser

Il existe diverses façons de s'excuser.

Les plus connus sont : « *pardon* », « *excusez-moi* » / « *excuse-moi* », « *désolé* » / « *désolée* ».

Attention ! On ne dit pas : « *je m'excuse* » ! On ne peut pas s'excuser soi-même !

Il existe aussi : « *navré* », « *au temps pour moi* ».

9) Les félicitations

Quand il y a une bonne nouvelle, on peut **féliciter** quelqu'un en utilisant des mots comme « *félicitations* » ou « *bravo* ». On peut aussi manifester notre **joie** : « *super* », « *excellent* », « *très bien* »…

Exemples :

« – Ma femme a accouché ! C'est une fille !

– Ah ! **Félicitations** !! »

« – J'ai enfin décroché mon permis de conduire.

– Ah c'est génial ! **Bravo** ! »

10) Lorsqu'une situation nous rend triste

Pour exprimer de la tristesse par rapport à une situation, on peut dire : « *mince* » ou « *zut* » (familier). On peut dire aussi : « *pas de chance* » / « *c'est pas de chance* » ou « *pas de bol* » (familier)

« – J'ai eu une contravention… – Ah **mince**… »

« – J'ai raté mon exam… – Ah **c'est pas de chance**, en plus tu avais beaucoup révisé… »

11) Lorsqu'une personne est malade

On souhaitera à cette personne un « *bon rétablissement* ». On peut aussi dire : « *Soigne-toi bien* » ou « *Fais attention à toi* ».

« - Je vais y aller, je suis un peu malade, il faut que je me repose…

- Ah d'accord… **Bon rétablissement** alors, **soigne-toi bien**. »

12) Suite à un décès

Lorsqu'une personne annonce un décès, on peut dire « *je suis désolé(e)* ». Il est souhaitable d'ajouter : « *mes condoléances* » ou « *toutes mes condoléances* ».

« – Ma grand-mère est décédée. – Ah, je suis désolé, **toutes mes condoléances**. »

① **Exercice : répondez à ces situations du quotidien.**

1) – Super ! J'ai eu mon bac avec mention !

– C'est vrai ?!   !

2) – J'ai eu un accident de travail, je suis en arrêt maladie en ce moment.

– Ah   Je te souhaite   .

3) – Patrick, je te présente Wafa, ta nouvelle collègue.

–   ! Bienvenue dans l'entreprise !

4) – Salut Brice !   ?

– Ça va bien merci, et toi ?   ?

– Oui, tout baigne¹ de mon côté.

5) – Voilà, je t'ai acheté la voiture dont tu rêvais !

– Waouh !   ! c'est un magnifique cadeau !

6) – Clément !
– Jean-Michel ! Ça fait longtemps !   ?
– Ben écoute, la routine ! Et toi ?

② **Exercice : Essayez de vous rappeler des informations !**

Pour saluer quelqu'un :

Pour s'excuser :

Pour remercier :

___
¹ « *tout baigne* » (familier) signifie « *tout va bien* ».

② **Exercice : expressions de temps. Trouvez la ou les bonne(s) réponse(s).**

1. _____, on va aller au restaurant.

☐ Ce soir ☐ Tout à l'heure ☐ Hier

2. Il est allé faire des courses, il revient _____.

☐ Dans un siècle ☐ Dans une minute ☐ Dans quelques minutes

3. On se voit _____ à 14 heures, ça te va ?

☐ Demain après-midi ☐ Cet aprèm ☐ Ce matin

4. _____, je me suis couché à 5 heures du mat'[1].

☐ Avant-hier ☐ Hier ☐ Autrefois

5. Il est parti _____ une semaine.

☐ Dans ☐ Il y a ☐ Sur

6. Il va aller en Allemagne _____ une semaine.

☐ Après ☐ Il y a ☐ Dans

7. Mon frère est malade _____ quelques jours.

☐ Après ☐ Pendant ☐ Depuis

8. Nous sommes allés en Tunisie _____ trois ans.

☐ Pendant ☐ Il y a ☐ Depuis

9. Vous passez à la maison _____ une heure, c'est ça ?

☐ Depuis ☐ Dans ☐ Il y a

10. Je suis resté au lit _____ deux heures.

☐ Il y a ☐ Pendant ☐ Dans

11. Il n'est pas venu en cours _____ le mois dernier.

☐ Après ☐ Durant ☐ Depuis

12. Quand je suis venu en France, _____ dix ans, je n'avais pas beaucoup d'argent.

☐ Il y a ☐ Pendant ☐ Avec

---

[1] À l'oral, on dit souvent « à ... heures du **mat'** » (en prononçant le « t »), ce qui signifie « à ... heures du **matin** ».

EXPRESSION ECRITE : « *QUESTIONS ET REPONSES DU QUOTIDIEN* »

① **Exercice : Trouvez une réponse appropriée.**

1. – « Je vous remercie ! »
   –

2. – « Vous souhaitez un café ? »
   –

3. – « Oh, excusez-moi, je n'ai pas fait exprès ! » *(Quelqu'un vous a bousculé)*
   –

4. – « C'est quoi la météo, aujourd'hui ? »
   –

5. – « On est quel jour ? »
   –

6. – « Tu aurais l'heure, s'il te plaît ? »
   –

7. – « Tu es dispo samedi soir ? »
   –

8. – « Vous habitez dans quelle ville ? »
   –

② **Exercice : Trouvez une question appropriée.**

1. – ?
   – Je suis dans le jardin !

2. – ?
   – J'ai dix-neuf ans.

3. – ?
   – C'est mon voisin, Jean-Pierre !

4. – ?
   – Au restau ? Bien sûr, avec grand plaisir !

Expression ecrite : « Conversation telephonique avec un ami »

② **Complétez cette conversation téléphonique**

– Allô [prénom] ?

– _____ ?

– C'est [prénom] !

– _____ ?

– Ouais ça va, je pète la forme ! Je reviens de vacances, là.

– _____ ?

– Je suis allé dans le Sud, vers Nice, c'était top. Et toi, tu es parti ?

– _____

– Ah ok, c'était bien ?

– _____

– Ah d'accord. Sinon ça te dit qu'on se voie la semaine prochaine ?[1]

– _____

– Ça marche ![2] On fait comme ça !

– _____

– C'est noté ! Bye !

---

[1] On peut aussi dire : « *On peut se voir la semaine prochaine ?* », « *Tu es dispo la semaine prochaine ?* », « *Tu es libre la semaine prochaine ?* », « *Tu as du temps la semaine prochaine pour qu'on se capte ?* », « *Ça te dirait qu'on se voie la semaine pro ?* »

[2] On peut aussi dire : « *Ça roule !* »

EXPRESSION ECRITE : « *SITUATIONS DU QUOTIDIEN* »

① **Exercice : écrire des phrases**

Formez des phrases à partir des mots qui vous sont donnés.
Exemple : Jouer / Jeux vidéo ⇨ Il joue aux jeux vidéo / Il est en train de jouer aux jeux vidéo.

Verbe :
- Arroser

Noms :
- Fleurs
- Arrosoir

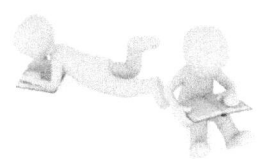

Verbe :
- Lire

Nom :
- Livre

Verbe :
- Faire

Nom :
- Gymnastique

Verbe :
- Jouer

Nom :
- Football (foot)

Verbe :
- Regarde

Nom :
- Heure

Verbe :
- Préparer / Faire

Nom :
- Gâteau / Pâtisserie

Verbe :
- Apporter

Nom :
- Repas / Plat

Verbe :
- Manger / Être en train de manger

Nom :
- Repas / Plat

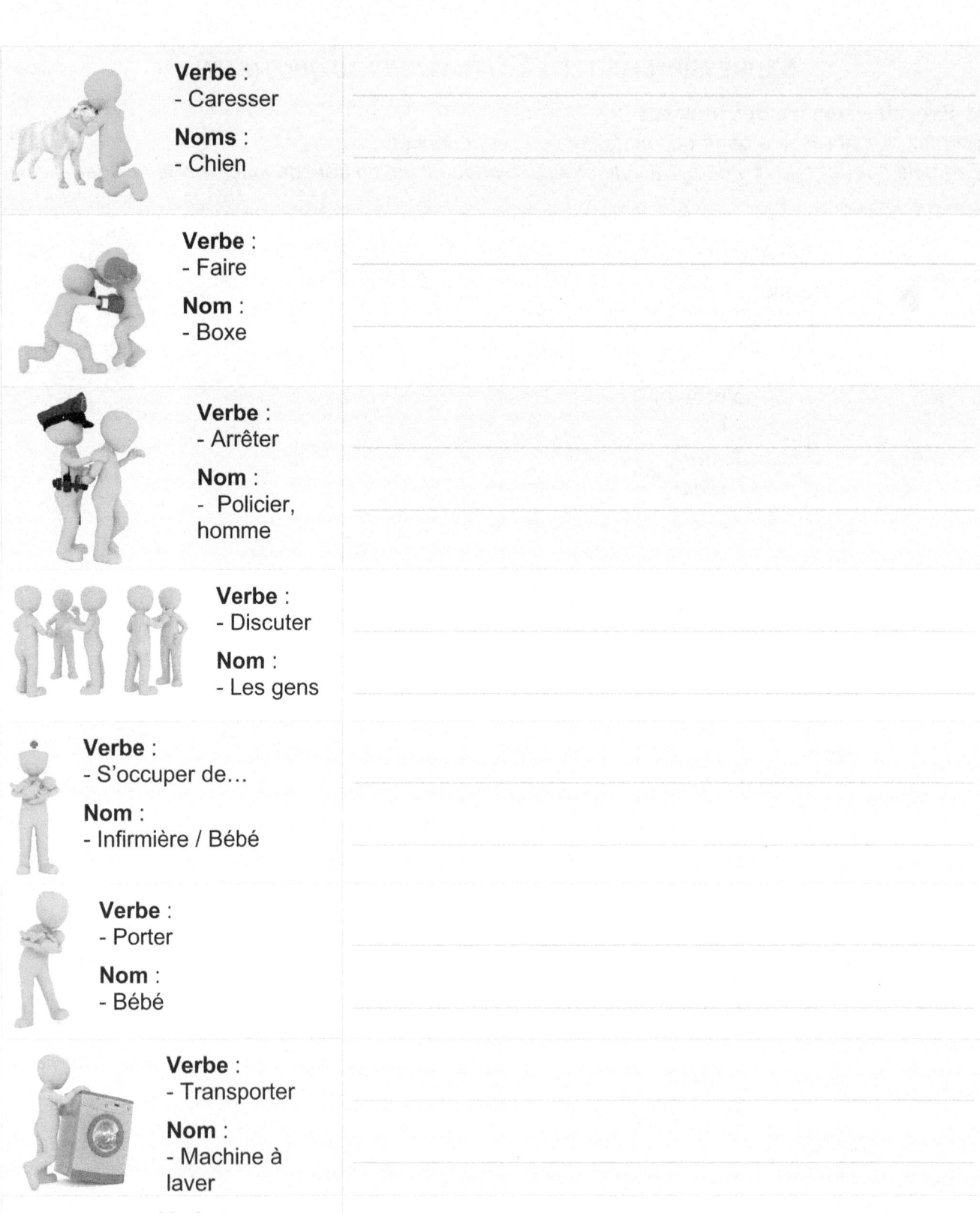

COMPREHENSION ECRITE : « *INVITATIONS* »

**Leçon et exercice : Que dire lorsqu'on invite quelqu'un ? Quelle réponse donner ?
Donnez des exemples à partir des mots proposés**

1) Proposition / invitation

- Est-ce que tu veux… ? / Est-ce que tu voudrais… ?

Est-ce que tu voudrais aller au cinéma ? (aller au cinéma)

- Ça te ferait plaisir de … ?

Ça te ferait ? (aller à Disneyland)

- Je t'invite à … / Je t'invite au …

, qu'est ce que tu en dis ? (restaurant)

- Ça te dit de … ? / Ça te dirait de … ?

? (m'aider à ranger)

- Tu as envie de … ? / Tu aurais envie de … ?

? (partir en vacances)

2) Hésitation ☺

- Je ne sais pas / Je ne sais pas trop
- Je dois réfléchir / Je vais réfléchir / Laisse-moi réfléchir
- Je ne suis pas sûr(e) / Je ne suis pas vraiment sûr(e) / Je ne suis pas tout à fait sûr(e)
- J'hésite… / Hmm…

3) Acceptation ☺

- Avec grand plaisir ! / Bien sûr ! / Volontiers ! ☺☺☺
- Avec plaisir ! / Je veux bien ! / Bonne idée ! ☺☺
- Pourquoi pas ! ☺

4) Refus ☹

- Non merci
- Ce n'est pas possible (« C'est pas possible ») / Ce ne sera pas possible (« Ce sera pas possible »)
- Je ne peux pas, désolé
- Désolé mais je suis occupé / Je suis pris / Je suis un peu pris / J'ai quelque chose de prévu

THEME : « LA VIE QUOTIDIENNE ET LA ROUTINE »
COMPREHENSION ECRITE 1 : « LA ROUTINE DE NATHAN »

Lecture : La routine de Nathan.

Salut ! Je m'appelle Nathan. J'ai 10 ans et je suis en CM2.

Pendant la semaine, je me lève à 7 heures tous les matins. Je me lève, puis je vais manger mon petit déjeuner dans le salon. Souvent, il y a mes parents donc on parle ensemble. J'aime bien manger des céréales avec du lait, et parfois des tartines avec du beurre et de la confiture.

Après avoir pris mon **p'tit dej**, je m'habille et je me prépare pour sortir. De temps en temps, ma mère m'accompagne à l'école mais souvent j'y vais à pied.

À l'école, j'ai pas mal de travail : ma maîtresse nous donne beaucoup de choses à faire, en plus on a des devoirs à la maison ! Heureusement, elle est très gentille avec nous. Mes matières préférées sont le français, l'anglais et les maths.

À midi, je mange à la cantine avec mes **copains**.

Je termine l'école vers 16h. Ensuite, je rentre à la maison et je fais mes devoirs, après avoir pris mon goûter.

Après, je vais parfois faire du sport : du foot ou du tennis. Parfois, je joue aux jeux vidéo, tout seul ou avec des **potes**. J'aime bien traîner sur internet aussi de temps en temps.

Le soir, on dîne avec mes parents, mon frère et ma sœur. Après le repas, je ne reste pas très longtemps debout et je me couche assez tôt, vers 21h, sinon je risque d'être trop fatigué le lendemain !

Le week-end, je n'ai pas école. J'en profite pour me reposer ou bien pour sortir avec ma famille. J'aime bien quand on va au restaurant tous ensemble ! Mais on n'y va pas souvent car ça coûte un peu cher.

J'ai hâte d'être en vacances, pour pouvoir partir avec toute ma famille au soleil !

Précisions linguistiques

- Dans le langage familier, on peut dire « *p'tit dej* » pour parler du petit déjeuner.
  Exemple : « *T'as pris ton p'tit dej ?* »
- Un « *pote* » est un nom familier synonyme de « ami ». On peut aussi l'utiliser au féminin :
  « *c'est ma pote* » = « *c'est mon amie* ».
  - Attention : le terme « *copain* » ou « *copine* » est **ambigu**. Quand un enfant dit : « *c'est mon copain* », ou « *c'est ma copine* », on comprend que c'est son ami ou son amie. Par contre, quand un jeune ou un adulte dit : « *tu as un copain ?* » cela signifie : « *tu as un petit ami ?* ». Mais ce n'est pas toujours clair : parfois, « *copain* » / « *copine* » prend quand même le sens de « *ami* ».
    Exemple : « *j'ai un copain qui habite à côté* » = « *j'ai un ami qui habite à côté* ».
  - En général, on distingue en utilisant un pronom personnel différent :
    - C'est **ma** copine = c'est ma petite-amie
    - C'est **une** copine = c'est une amie.

    On peut parfois dire « *c'est son ami(e)* » pour dire « *c'est son partenaire* », mais on évite en général cette formulation car elle n'est pas très claire (on dit plutôt « *c'est son compagnon* » ou « *c'est sa compagne* » plutôt que « *c'est son ami(e)* »).

Exercice : La routine de Nathan.

① Note les cinq verbes pronominaux présents dans le texte et conjugue-les

*Les verbes pronominaux sont les verbes qui se conjuguent avec un **pronom réfléchi** de la même personne que le sujet. Les pronoms réfléchis sont « **me** », « **te** », « **se** », « **nous** » et « **vous** ». Les formes élidées (= courtes) de « me », « te », « se », sont « **m'** », « **t'** » et « **s'** ».*

*Exemples : Je **me** promène ; Tu **te** trompes ; Il **se** lave ; Nous **nous** levons. Vous **vous** disputez. - Ils **se** parlent.*

Je	Je	Je
Tu	Tu	Tu
Il / Elle	Il / Elle	Il / Elle
Nous	Nous	Nous
Vous	Vous	Vous
Ils / Elles	Ils / Elles	Ils / Elles

Je	Je
Tu	Tu
Il / Elle	Il / Elle
Nous	Nous
Vous	Vous
Ils / Elles	Ils / Elles

② Réponds aux questions en faisant des phrases complètes

1) A quelle heure se lève Nathan ?

2) Où mange-t-il à midi ?

3) Quels sports pratique-t-il ?

4) Quelles sont ses matières préférées ?

5) Est-ce qu'il se couche tard ?

COMPREHENSION ECRITE 2 : « *LA ROUTINE DE PATRICK* »

Lecture : La routine de Patrick.

Bonjour ! Je m'appelle Patrick et j'habite à Nantes.

Je suis agent immobilier ; je travaille dans un bureau mais je me déplace souvent pour faire des visites de **biens**. Je travaille **à mon compte** ; je ne suis pas salarié.

Vous voulez savoir quelle est ma journée type ? C'est bien simple, je me lève assez tôt en général, vers 6 heures du **mat'**. Je prends un bon café bien serré et un petit déjeuner classique, avec tartines, beurre et confiture. Je regarde parfois la télé, je surfe sur internet, ou bien je regarde des vidéos sur mon smartphone. Si mon épouse est réveillée, on mange ensemble et on discute. Mes enfants se lèvent vers 7h15. En général, je vais emmener les enfants à l'école vers 8h, puis je vais directement à mon agence.

Je travaille jusqu'à midi environ puis je déjeune. Il m'arrive d'aller au restaurant avec un client, mais en général je rentre pour prendre mon repas avec ma femme. Après, je retourne au **boulot** et je **bosse** jusqu'en fin de journée, vers 17h ou 18h, parfois plus tard. Le soir, je passe du temps avec mes enfants : je les aide pour les devoirs et parfois **on se balade sur la Loire** ou on joue à des jeux vidéo. Je les amène aussi au sport plusieurs fois par semaine, parce qu'ils sont inscrits au judo et au football.

J'essaye de bien gérer mon temps pour gagner assez d'argent, mais ce n'est pas facile avec la crise ! Les affaires ne marchent pas toujours bien, mais pour l'instant ça va, on vit correctement. **Pourvu que ça dure !**

Précisions linguistiques

- Le nom « **bien** » veut dire « *ce qu'on possède* » ou une chose qu'on a acheté.

Par exemple, on peut dire : « *ma sœur a acheté **un bien** (immobilier)* », c'est-à-dire qu'elle a acheté un appartement ou une maison.

Un « **bien** » veut aussi dire une « *chose créée par le travail* ».

Par exemple, on dit qu'une entreprise « *produit **des biens*** » (= des marchandises).

- Quand on **travaille à son compte**, cela signifie qu'on n'est pas salarié : on ne travaille pas pour un patron.

Exemple : « *J'ai quitté mon poste et j'ai créé une entreprise : maintenant, je **travaille à mon compte**.* »

- « **mat'** » est la contraction de « matin », dans le langage familier (*note : on prononce le « t » de « mat' »*).

Exemple : « *J'en ai marre des voisins ! Ils écoutent de la musique jusqu'à trois heures du mat' !* »

- « **boulot** » est un synonyme (familier) de « travail ».

Exemple : « *Allez, au boulot !* » ; « *J'ai trop de boulot…* ».

- « **bosser** » est un synonyme (familier) de « travailler ».

Exemple : « *Il bosse dur* » = « *Il travaille dur* ».

- On se promène ou on se balade « **sur** » un fleuve, même si on n'est pas dessus !

Exemple : « *on se promène sur la Seine* » = « *on se promène à côté de la Seine* ».

- « *Pourvu que ça dure* » = « *Espérons que ça dure* » ; « *Pourvu que ça marche* » = « *Espérons que ça marche* ».

Exercice : La routine de Patrick.

Réponds aux questions en faisant des phrases complètes.

1) Où habite Patrick ?

2) Quel est son métier ?

3) Que fait-il le matin ?

4) Avec qui mange-t-il à midi ?

5) Que fait-il le soir ?

6) Est-ce que Patrick est pauvre ?

Rédaction : Pouvez-vous décrire une de vos journées habituelles ?

Voici du vocabulaire que vous pouvez utiliser :

> Se lever à… / se réveiller à… - Prier / faire la prière - Prendre un bain – Se laver les dents / se brosser les dents - Se doucher / prendre sa douche / prendre une douche - Faire son lit - Se préparer / s'habiller - Aller au travail / aller à l'école / aller à l'université - Travailler / bosser (*familier*) - Retourner chez soi / rentrer à la maison - Déjeuner - Regarder la télé - Aller sur internet - Laver la vaisselle / faire la vaisselle - Faire une sieste / faire la sieste - Se promener - Préparer à manger / préparer le repas - Dîner - Faire du jardinage - Jouer aux jeux vidéo - Courir / Faire du jogging - Se coucher / aller se coucher - Faire la grasse matinée[1]

---
[1] « *Faire la grasse matinée* » est une expression voulant dire « *dormir jusque tard dans la matinée* » (par exemple 11h, 11h30).

COMPREHENSION ECRITE : « UNE JOURNEE AVEC THIERRY ! »

① Lisez le texte et complétez les espaces vides avec les mots de gauche. Dans ce texte, Thierry raconte sa routine quotidienne.

Liste des mots

B   beaucoup
     brosse
C   conduis
E   ensemble
G   goût
H   horreur
I   informaticien
P   perdre
     personnes
     plusieurs
R   réveil
T   travail

Ma routine quotidienne est bien organisée.

Généralement, je me lève vers 6h ou 6h30 du matin, après que mon _____ sonne.

D'abord, je me lave le visage, je me _____ les dents et je prends souvent une douche. Ensuite, je descends dans la cuisine et je vais me préparer mon petit-déjeuner avec ma famille.

Je prends toujours un café, des céréales et _____ de fruits. J'aime bien manger des œufs aussi, car c'est très bon pour la santé et ça a bon _____.

Après m'être habillé et préparé, je vais au _____. J'essaye toujours de ne pas prendre la voiture : je préfère marcher car c'est meilleur pour la santé et pour l'environnement ! J'arrive toujours avant 8h au travail. J'ai _____ d'être en retard !

J'essaye de travailler dur au boulot. Je suis _____ : je développe des programmes informatiques pour une société. Le plus dur, pour moi, est de rester concentré : parfois, je suis tenté d'aller sur Facebook ou de lire mes e-mails. Ça me fait _____ du temps donc je tâche d'éviter ça.

Mon moment préféré de la journée, c'est quand je termine le travail à 17h. Je rentre à la maison pour voir mon épouse et mes enfants. On mange _____ dans le salon vers 19h30. En général, on discute et parfois, j'allume la télé pour voir un film ou les informations. Je fais du sport _____ fois par semaine, ça me permet de rester en forme !

Le soir, vers 21h30, je lis un petit peu avant de dormir.

C'est clair que certaines _____ diront que ma routine est banale, mais moi je l'apprécie ! Mais pendant les vacances, j'essaye de faire d'autres activités qui sortent de l'ordinaire : j'ai une licence de pilote et je _____ des petits avions ! J'adore ça !

② Vocabulaire. Reliez les mots de gauche avec leur signification (à droite).

1) Un boulot   A. Une autorisation, un grade universitaire, un permis

2) Tâcher de   B. Communément, habituellement, d'ordinaire

3) Une société   C. Ordinaire, commun, courant, sans qualité particulière

4) Concentré   D. Essayer de / Provoquer le désir

5) Généralement   E. Une entreprise / Un ensemble d'êtres humains vivant en groupe

6) Tenter   F. Un travail, un emploi, une besogne

7) Banal   G. Faire en sorte que, travailler pour accomplir quelque chose

8) Une licence   H. Qui est attentif, absorbé / Qui est dense

③ Compréhension. Répondez aux affirmations suivantes en écrivant « *vrai* » ou « *faux* ».

1) _____ Thierry n'aime pas trop manger des œufs.

2) _____ Il s'efforce de ne pas utiliser sa voiture pour aller au travail.

3) _____ Il a peur d'être déconcentré pendant son travail.

4) _____ Thierry n'est pas très ponctuel.

5) _____ Il regarde souvent la télé.

6) _____ Il a passé un diplôme lui permettant de piloter des petits avions.

④ Rédaction. Répondez aux questions suivantes.

1) Est-ce que vous trouvez que la routine de Thierry est **ennuyante** ? Pourquoi ?

_____

_____

2) Qu'est-ce que vous aimez bien faire dans votre **temps libre** ?

_____

_____

EXPRESSION ORALE ET ECRITE : « *INSCRIPTION A UN COURS* »

① **Lisez et complétez le dialogue :**

– Bonjour !

– Bonjour Monsieur, je voudrais prendre des cours de français.

– D'accord. Vous avez déjà des bases en français ? Vous savez lire et écrire ?

– _____

– Très bien. J'aurais besoin de votre prénom et de votre nom.

– _____

– OK, c'est noté… vous habitez dans quelle ville ?

– _____

– Hmm, d'accord, et la rue ?

– _____

– Merci ! J'ai aussi besoin de vos date et lieu de naissance.

– _____

– D'accord. Vous venez de quel pays ?

– _____

– Ah, je vois. Et quand êtes-vous arrivé en France ?

– _____

– Très bien. Vous travaillez actuellement ?

– _____

– Alors on a quatre groupes. Les cours sont de 9h30 à 11h30 et de 14h à 16h. Il y a deux séances par groupe. Qu'est-ce qui vous arrange, le matin ou l'après-midi ?

– _____

– Entendu ! Vous voulez commencer la semaine prochaine ?

– _____

– Parfait ! On fait comme ça. Bonne fin de journée ! Au revoir !

– _____

Vocabulaire : « Les niveaux de langue »

Leçon : Il existe en français plusieurs niveaux (ou registres) de langue.

- **Registre soutenu** (ou soigné)

Le plus haut niveau de langue est le **langage soutenu**. Il s'agit de vocabulaire élaboré, d'expressions et constructions recherchées. On le trouve dans les **textes littéraires** ainsi que dans des situations formelles, exigeant une certaine **solennité**.

Dans le dictionnaire, ce registre est signalé par les abréviations suivantes :
    litt. ⇨ littéraire ;   *vx.* ⇨ vieux ;   *arch.* ⇨ archaïque ;

Ce registre est utilisé par exemple lorsqu'on veut se montrer très poli, ou en présence d'une personne importante.

Exemple : *Je suis exténué.*

- **Registre courant** (ou neutre)

Le **registre courant** renvoie au langage correct, communément accepté.

On le trouve dans toutes les situations de communication courante.

Exemple : *Je suis très fatigué. Je suis épuisé.*

- **Registre familier**

Le **registre familier** est relatif à la **langue parlée**. On l'autorise dans les rapports informels, par exemple avec des amis ou de la famille : il n'est pas adéquat si on est en rendez-vous professionnel, par exemple. Dans le dictionnaire, ce registre est signalé par l'abréviation suivante : *fam.* ⇨ familier.

Exemple : *Je suis crevé ; Je suis éclaté ; Je suis explosé.*

Souvent regroupé dans le registre familier, on trouve le **langage argotique** et **populaire**.
    arg. ⇨ argotique (vocabulaire issu d'un certain milieu) ;   *pop.* ⇨ populaire ;

- **Registre vulgaire**

Le **langage vulgaire** est lié aux insultes, ainsi qu'aux mots et expressions dégradants et détestables.

Exercice 1 : Quel est le niveau de langue des phrases suivantes : soutenu, courant, familier ?

1- « *Y'a une sacrée pagaille dans le métro à cause de la grève !* » : _____

2- « *Nous avons sillonné la ville, qui était fort encombrée.* » : _____

3- « *Dis à ton pote que le rencard est à 6 heures !* » : _____

4- « *La fumée de votre cigare m'incommode ; je m'éloigne de ce pas.* » : _____

5- « *J'ai un coup de fil urgent à passer, j'dois appeler le toubib.* » : _____

6- « *J'en ai marre des bouchons, je veux rentrer à la maison !* » : _____

7- « *J'sais pas pourquoi elle a pété les plombs...* » : _____

8- « *Faisons vite, sinon elle ratera son train.* » : _____

9- « *Portez discrètement votre regard sur cet individu.* » : _____

10- « *Mon p'tit môme aime bien se goinfrer.* » : _____

11- « *Il a eu beaucoup de chance. Il a réussi son examen.* » : _____

12- « *Il faut se grouiller sinon on va louper le train.* » : _____

13- « *L'homme a perdu le contrôle de lui-même* » : _____

14- « *Je ne sais vraiment pas pourquoi il s'est mis en colère !* » : _____

15- « *Elle me saoule cette bagnole ! Elle tombe toujours en panne ! C'est relou.* » : _____

16- « *Je vous prie de m'excuser, cher Monsieur. Vraiment navré.* » : _____

17- « *Elle me prend la tête ! Elle n'est jamais contente ! Ça me gave.* » : _____

18- « *Notre pays connaît une crise d'une exceptionnelle gravité.* » : _____

19- « *Alors, mon nouvel appartement te plaît ?* » : _____

20- « *Alors, tu kiffes mon nouvel appart' ?* » : _____

21- « *Grouille-toi ! (= Magne-toi !) On est à la bourre !* » : _____

22- « *Il doit me rembourser une somme d'argent importante* » : _____

23- « *Il est vraiment chiant, il ne m'a toujours pas rendu mon fric* » : _____

Exercice 2 : Mets les mots et expressions suivantes dans la bonne colonne.

il gueule ; il crie ; il vocifère ; la voiture ; la bagnole ; l'automobile ; je suis K.O.[1] ; ma maison ; ma baraque ; ma demeure ; j'ai faim ; il a la frousse ; un fragment ; il est affamé ; j'ai la dalle ; mon pote ; ça m'indiffère ; j'ai pigé ; mon manuel ; je m'en fous ; j'en ai marre ; il est assoupi

Registre soutenu	Registre courant	Registre familier

---

[1] On prononce [*kao*].

Exercice 3 : Complète le tableau avec des synonymes, dans le niveau de langue demandé.

Registre soutenu	Registre courant	Registre familier
le labeur		le b_____
fortuné		bl_____
imp_____		clean / nickel
	regarder	m_____
choir		
un(e) c_____		un pote, une pote
occire		

Exercice 4 : Transforme ces phrases familières en langage courant.

1) Ça me saoule / ça me gonfle / ça me tape sur les nerfs.

2) J'ai réussi le permis[1] les doigts dans le nez.

3) J'ai la flemme de sortir.

4) Dans mon quartier, ça craint de sortir la nuit.

5) J'ai raté mes examens, je suis dégoûté.

6) Les joueurs sont menés 3-0 à la mi-temps. Ils sont mal barrés...

7) Ils n'ont pas lâché le morceau et ont arraché la victoire.

8) L'examinateur m'a posé une colle.

___
[1] Quand on dit « le permis », on désigne, dans la plupart des cas, le permis de conduire.

9) Mon boss m'a passé un savon à cause de mes retards.

10) Elle a pété un câble tout à l'heure.

11) Mon frère est plein aux as.

12) Mon fils est complètement largué en maths.

13) J'essaye de lui expliquer la situation mais elle est à côté de la plaque.

14) A chaque fois que je dîne avec mon beau-frère, je ne peux pas en placer une.

15) Mes enfants me font souvent marrer.

16) Je me suis fait arnaquer en achetant cette télé.

17) On se fait un ciné et un resto samedi ?

18) Le président n'a pas la cote auprès de la population.

19) Mon collègue est sympa mais pourtant le courant ne passe pas avec lui.

20) Faire cuire des pâtes, ce n'est pas sorcier, quand même.

21) Je dois faire vite, je suis à la bourre.

22) J'en ai marre de cette situation / J'en ai ras-le-bol de cette situation.

Theme : « *L'habitat* »
Comprehension ecrite : « *J'ai besoin de vos conseils !* »

① Lisez le texte et complétez les espaces vides avec les mots de gauche. Il s'agit d'une personne envoyant un message sur un forum (sur internet). Elle demande conseil aux internautes.

Utilisateur : Sarah.Mercier

Liste des mots

A appartement
B beaucoup
C commence
   contacté
D d'avance
   déménager
E énormément
   extérieur
G garage
J jardin
S secrétaire
   souci

Bonjour à tous !

Je poste un message parce que j'ai besoin de vos conseils !

En effet, j'ai un petit _____ et j'aimerais que vous m'aidiez.

En fait, ma famille et moi vivons dans une grande et belle maison. J'habite avec mon mari et nos trois enfants. Nous sommes situés à l'_____ de la ville, en banlieue. Le quartier est plutôt chic, c'est très calme, en plus les voisins sont très sympas.

Nous avons un salon très spacieux et une cuisine tout équipée. Le _____ est grand et les enfants l'apprécient beaucoup. Il est très boisé : il y a beaucoup d'arbres et même une mare. Nous avons une grande chambre à coucher pour mon mari et moi, et trois autres petites chambres pour nos enfants. On a également une cave et un _____ pour garer la voiture.

Dernièrement, j'ai trouvé du travail à la mairie de la ville d'à-côté. Je suis secrétaire : je remplis des papiers administratifs et j'aide les habitants qui ont besoin de renseignements. Hélas, aller au travail me prend beaucoup de temps : je dois me lever tôt et j'ai une heure et demie de transport en voiture avant d'arriver au boulot. Les premiers mois, ça allait, mais maintenant la fatigue s'accumule et je _____ à en avoir marre. En plus, ma grande fille a débuté ses études supérieures et doit souvent se rendre à l'université. Cela lui prend également _____ de temps car c'est loin et elle prend le train.

En cherchant sur Leboncoin, j'ai vu qu'une personne louait un _____ au centre-ville. Il y a 3 chambres à coucher et ça a l'air vraiment moins confortable que notre maison... mais d'un autre côté, ça nous faciliterait la vie, car c'est juste à côté du travail et de la fac ! J'ai _____ la personne, et elle est prête à me louer l'appart'.

Je ne sais pas quoi faire ! Est-ce que je dois _____ ou bien rester dans ma maison et continuer à galérer dans les transports ?

Merci _____ pour votre aide !

② **Vocabulaire. Reliez les mots de gauche avec leur signification (à droite).**

1) Un souci

A. Aimer bien, porter un jugement positif / Évaluer, estimer

2) Une banlieue

B. Qui est grand, où on a de l'espace

3) Chic

C. Être dans une situation pénible, éprouvante

4) S'accumuler

D. Une inquiétude, une préoccupation, un problème

5) Galérer (fam.)

E. Un utilisateur ou une utilisatrice d'Internet

6) Spacieux

F. Augmenter en nombre, en volume, en quantité

7) Apprécier

G. Un territoire qui se trouve autour d'une grande ville

8) Un internaute

H. Élégant, distingué, qui a du style, qui est de bon goût

③ **Compréhension. Répondez aux affirmations suivantes en écrivant « vrai » ou « faux ».**

1) _____ Dans ce texte, Sarah explique qu'elle souhaite déménager parce que son logement est insalubre

2) _____ Elle a écrit un message sur un forum pour que des gens puissent l'aider.

3) _____ Elle ne vit pas au centre-ville.

4) _____ Elle se sent plutôt en forme et est contente de sa situation.

5) _____ Elle a trouvé l'annonce d'un appartement sur internet.

6) _____ Sa fille n'est plus au lycée.

④ **Rédaction. Répondez aux questions suivantes.**

1) Qu'est-ce que vous **conseilleriez** à Sarah et à sa famille ? Est-ce que la famille devrait rester dans la maison ou bien déménager dans l'appartement du centre-ville ?

2) À quoi ressemble votre appartement / votre maison ? Pouvez-vous le/la décrire ?

Compréhension écrite : Le logement en France

① **Leçon : Informations sur les logements en France**

Lorsqu'on veut **louer un appartement ou une maison**, on a deux possibilités principales :

1) Passer par des **particuliers** (c'est-à-dire des personnes simples, et non des entreprises).
    a. On peut **consulter des sites internet** comme « *Leboncoin* », « *Particuliers à Particuliers* » (PAP), « *LocService* », …
    b. On peut aussi **demander à des amis** : peut-être qu'ils connaissent quelqu'un qui loue un endroit.
2) On peut aussi passer par des **professionnels**, en allant **dans une agence immobilière**. On en trouve dans toutes les villes. Elles peuvent vous aider à trouver un logement, mais il faudra **payer un supplément**. Il faut aussi avoir **une bonne situation financière** (avoir de bons revenus).

Pour louer un logement, il est **obligatoire de signer un bail** : c'est un **contrat** qu'on signe avec le propriétaire et qui explique les règles de la location.

Le locataire doit généralement avoir une **caution** (une personne qui s'engage à payer pour vous si vous ne pouvez pas le faire). Il donne aussi un **dépôt de garantie** (une somme d'argent, maximum un mois de loyer hors taxes).

Avant de s'installer dans un appartement, on dresse l'**état des lieux d'entrée** : on décrit comment est l'appartement, quels sont les objets présents…

Lorsqu'on quitte l'appartement, on fait un **état des lieux de sortie** : on décrit comment est l'appartement, si tous les objets sont présents, si des choses sont cassées… S'il y a des **dommages importants**, le propriétaire pourra garder le dépôt de garantie pour lui et ne pas le rendre, afin de réparer les dégâts.

Le prix du loyer **ne comprend pas l'électricité** ni le **gaz**. Beaucoup de logements n'ont pas accès au gaz, car cela peut être **dangereux** s'il y a des fuites de gaz.

On paye un **loyer** et on ajoute des **charges**, par exemple si on habite dans une copropriété avec d'autres logements (exemples : réparation des portes, traitement anti-insectes, ménage, gardien…).

Exemple :
Loyer hors charges 600 € + **Charges** 50 € + **Electricité** et gaz 70 € = **720 € par mois à payer**.

En 2017, **6,6 millions de personnes** en France touchaient une **aide personnelle au logement** (**APL**), qui s'élève à 225 € en moyenne.

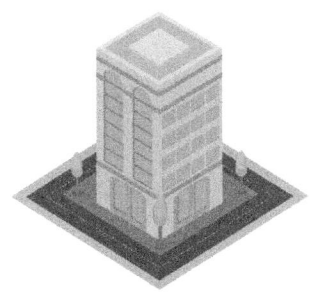

Il est possible de **remplir un dossier pour un logement social** : cela permettra d'avoir un logement à un tarif moins cher (« *HLM* » : habitation à loyer modéré). Hélas, il faut souvent attendre longtemps pour avoir une offre de logement. Environ **10 000 000 d'habitants** vivent dans des HLM en France.

Si on ne paye pas le loyer, on risque d'être **expulsé** au bout de quelques mois. On **ne peut pas** expulser les gens pendant la **trêve hivernale** (du 1er novembre au 31 mars).

② **Questions**

	Vrai	Faux
1) Quand on loue un logement, on signe un bail avec le propriétaire.		
2) L'électricité et le gaz sont comprises dans les charges.		
3) Beaucoup de gens vivent dans des HLM en France.		
4) Pour louer un logement, il faut obligatoirement passer par une agence.		
5) « Loyer H.C. » signifie « Loyer hors charges »		
6) Les services des agences immobilières sont gratuits.		
7) Pendant la trêve hivernale, on ne peut pas expulser les gens de leur domicile.		
8) Avant de s'installer dans un logement loué, on fait un état des lieux.		
9) Le chauffage au gaz est présent dans tous les logements.		
10) On paie le loyer chaque semaine.		

③ **Conjuguez les verbes suivants**

Habiter et **vivre** dans une maison

J'_____

Tu _____

Il / Elle / On _____

Nous _____

Vous _____

Ils / Elles _____

Vendre un appartement

Je _____

Tu _____

Il / Elle / On _____

Nous _____

Vous _____

Ils / Elles _____

④ **Complétez avec le bon article : UN, UNE, LE, LA, LES, AU, EN**

1) Alors, tu as trouvé _____ bon appart' à louer ?

2) Oui ! _____ bout de la rue du Général de Gaulle, dans _____ petite copropriété !

3) _____ gens du quartier ont l'air sympa.

4) J'habite _____ rez-de-chaussée, dans _____ grand immeuble HLM. J'ai _____ peu peur des cambriolages… !

5) Tu cherches quoi comme logement ? _____ maison ou _____ appartement ?

6) Tu veux qu'on mange dans _____ cuisine ou dans _____ salon ?

7) Tu habites _____ centre-ville ou _____ banlieue ?

8) C'est combien _____ loyer de cet appartement ?

9) Vous devriez acheter _____ maison dont on a parlé la dernière fois ! C'est _____ super affaire !

10) _____ charges de mon logement sont vraiment élevées ! J'en ai marre ! J'ai envie de déménager dans _____ autre endroit.

11) Tu as signé _____ bail pour ton logement ? J'espère que oui !

⑤ **Conjuguez les phrases avec le verbe entre parenthèses.**

1) Ma sœur a décidé d'_____ une maison. (*acheter*)

2) Je _____ mon studio. (*vendre*) Ça me _____ un peu mal au cœur… (*faire*)

3) Je n'_____ pas très loin du centre-ville. (*habiter*)

4) Nous _____ vendre notre appartement. (*vouloir*) On _____ besoin d'argent. (*avoir*)

5) Ça fait combien de temps que tu _____ à Lyon ? (*vivre*)

6) Tu _____ m'aider à transporter mes meubles ? (*pouvoir*)

7) Vous _____ dans combien de temps ? (*déménager*)

8) Ton nouveau logement te _____ ? (*plaire*)

9) Tu _____ combien comme loyer par mois ? (*payer*)

10) Tu _____ toujours un pavillon près de la gare ? (*chercher*)

EXPRESSION ECRITE : « *MON CHEZ-MOI* »

 **Décrivez votre cadre de vie : comment est votre ville ? Votre quartier vous plaît-il ? Votre appartement / maison vous convient-il ?... Dites si vous êtes content(e) ou pas d'habiter là.**

Ma ville est agréable – Ma ville n'est pas très agréable / Elle est propre – sale / Elle est polluée – Elle n'est pas très polluée / Mon quartier me plaît – Mon quartier ne me plaît pas / Mon appartement me convient – Mon appartement ne me va pas / Je suis content d'habiter ici parce que… – Je ne suis pas très content d'habiter ici parce que…

Expression écrite : Répondre à une annonce sur Leboncoin

« **Leboncoin** » est le site internet de petites annonces le plus connu en France. C'est le 4ème site web le plus visité de France après Google, Facebook et YouTube. En 2021, il a connu plus de 20 millions de visiteurs en une journée.

① **Lecture : Lisez l'annonce suivante.**

Description

Bonjour,

Mon appartement est en colocation actuellement avec deux jeunes gens et je suis à la recherche d'une troisième personne pour occuper une chambre meublée (il y a un lit, un bureau, un grand placard). La chambre fait environ 13m² et est très lumineuse.

L'appartement se trouve à trois minutes à pied du RER de Noisy-Champs, à 15mn à pied du campus de Marne la Vallée, au pied de l'immeuble il y a un supermarché, une pharmacie, une boulangerie et toutes les commodités.

Le loyer s'élève à 550 euros toutes charges comprises avec le wifi (fibre optique).

J'accepte les étudiants, éligibles à l'APL (vous aurez un contrat de bail individuel et des quittances de loyer) ou un/une jeune actif / active.

Les colocataires actuels ont 24 ans et je souhaiterais louer à une personne qui soit dans la même tranche d'âge.

N'hésitez pas à me contacter pour toutes informations complémentaires. Vous pouvez m'écrire à l'adresse e-mail suivante : patricia.girard@gmail.com. Pas sérieux s'abstenir.

Merci et à bientôt,
Patricia

② **Exercice : Écrivez un email à la personne ayant publié l'annonce : vous vous présentez, posez des questions supplémentaires sur le logement et vous demandez un rendez-vous en proposant des horaires.**

De :

A :

Objet :

Message :

Thème : « Le monde »

Exercice de géographie : « Planisphère : compléter la carte »

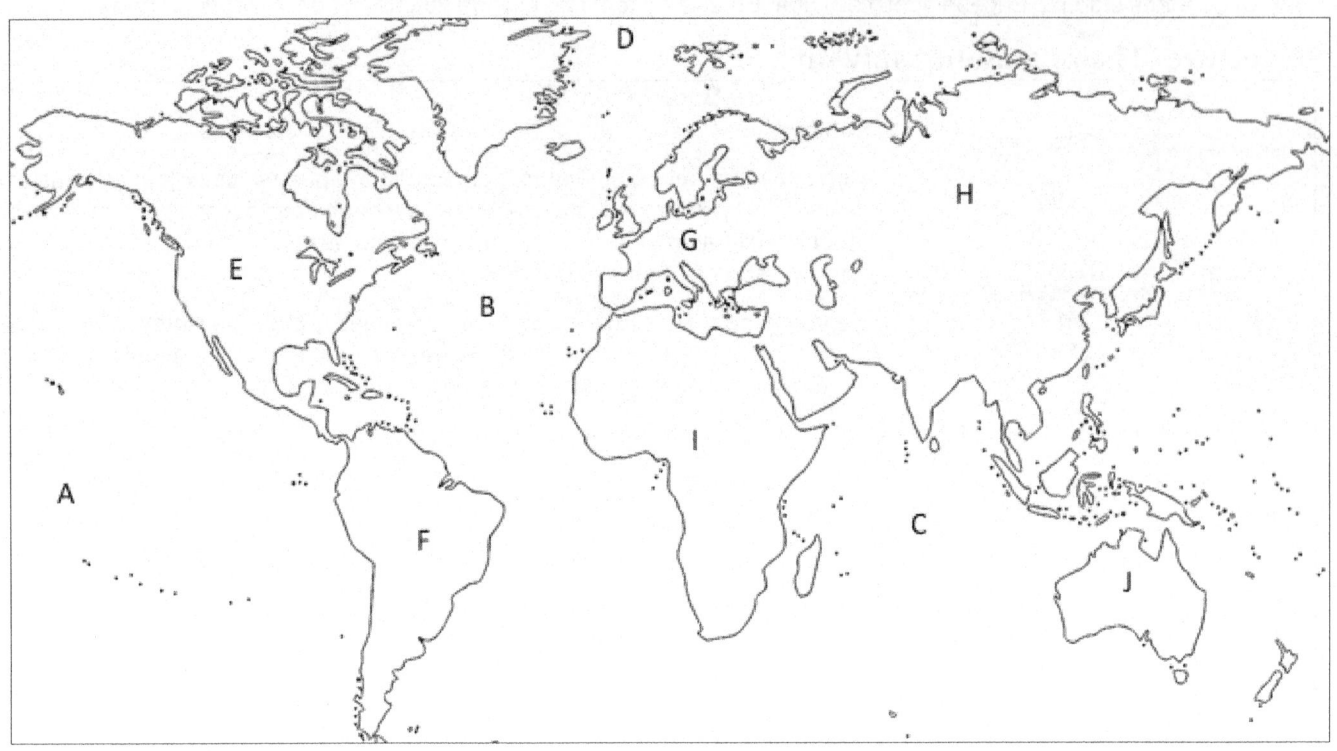

Écris la lettre correspondante pour chaque lieu

_____ Amérique du Nord

_____ Asie

_____ Europe

_____ Océan Atlantique

_____ Océan Arctique

_____ Amérique du Sud

_____ Afrique

_____ Océan Indien

_____ Australie

_____ Océan Pacifique

1) Quel est le continent le plus grand ?

   Afrique   Asie   Europe

2) Sur quel continent vis-tu ?

   Australie   Europe   Amérique

3) Quel est le cinquième continent qui n'est pas mentionné ?

_____

Exercice d'histoire-géographie : L'Europe

Voici une carte de l'Europe occidentale (Europe de l'ouest).

① **Quels sont les États limitrophes de la France ?** (c'est-à-dire ceux avec laquelle la France a une frontière commune) **Cochez les bonnes réponses.**

☐ La Belgique ☐ Le Royaume-Uni ☐ L'Espagne

☐ L'Italie ☐ La Suisse ☐ Le Danemark

☐ Le Portugal ☐ Le Luxembourg ☐ Monaco

☐ Andorre ☐ Les Pays-Bas ☐ L'Allemagne

② **Écrivez sur la carte au moins sept États que vous connaissez.**

③ **Êtes-vous né dans un de ces pays ? Résidez-vous dans un de ces pays ?**

④ **Quel(s) pays avez-vous déjà visité(s) ? Lequel est votre préféré et pourquoi ?**

⑤ **Dans quel pays se situent ces endroits ? Donnez le nom du monument et de la ville, si possible.**

COMPREHENSION ECRITE : « *BIENVENUE EN ISLANDE !* »

① **Lisez le texte. Complétez le texte de droite avec les mots sur le côté gauche.**

L'Islande *(Ísland)*

Liste des mots

A	arrivées
C	capitale
E	escale
G	grande
P	pauvres
S	savent
T	températures
	touristes
V	visite
	volcans

Bonjour, je m'appelle Gylfi Sigurdsson !

Bienvenue sur mon île, la **deuxième plus grande île d'Europe** (derrière le Royaume-Uni) et l'un des plus beaux endroits du monde !

Il s'agit de l'Islande !

Ce pays a une histoire intéressante. Les premières personnes à vivre en Islande sont _____ d'Europe du Nord, il y a environ 1200 ans. Pendant des centaines d'années, l'Islande faisait partie de la Norvège, puis du Danemark. Enfin, en 1944, l'île devient **indépendante**.

À une certaine époque, c'était l'un des pays les plus _____ du monde. Mais ce n'est plus le cas : aujourd'hui, notre pays est riche et très moderne.

La **pêche** représente une part importante de l'économie, avec le tourisme.

L'Islande est une île vraiment unique, pour plusieurs raisons. D'abord, **sa population est très petite** : environ 330 000 personnes seulement (l'Islande est 6 fois moins _____ que la France mais a 220 fois moins d'habitants... !)

La plupart des gens ici parlent une langue appelée l'**islandais**, mais beaucoup de gens _____ parler anglais.

Reykjavik, la _____, est le lieu où habitent les deux tiers de la population islandaise. Dans le pays vivent 19 000 étrangers, des travailleurs pour la plupart.

Le climat est **assez froid**. L'été, les _____ peuvent aller jusqu'à 15° C, et en hiver cela tourne autour de -3° C.

L'Islande est très **célèbre** pour ses nombreux glaciers. Les glaciers sont des masses de glace et de neige qu'on peut voir à la fois en été et en hiver. En plus de ça, on trouve 130 _____ actifs sur toute l'île, même si seulement 20 sont entrés en **éruption** depuis l'an 900. La dernière grande éruption, en 2010, a provoqué la fermeture de nombreux aéroports européens pendant plusieurs jours, à cause des cendres présentes dans l'atmosphère.

L'Islande est un endroit idéal pour les _____ : les paysages sont à couper le souffle, et il y a de nombreuses **sources d'eau chaude** dans lesquelles on peut se baigner. N'hésitez pas à venir nous rendre _____ ! Un vol sans _____ prend 3h30 seulement. *Fljótlega!* (À bientôt !)

② **Vocabulaire. Reliez les mots de gauche avec leur signification (à droite).**

1) Une capitale   A. Une personne qui voyage pour son plaisir

2) Une éruption   B. Un résidu, un reste suite à une combustion

3) Indépendant(e)   C. Une ville où se trouvent les pouvoirs d'un pays

4) Une source   D. Un point d'arrêt d'un navire ou d'un avion

5) Une cendre   E. Un rejet de matériaux d'un volcan (gaz, lave…)

6) Une escale   F. Une couche gazeuse qui entoure une planète

7) Un touriste   G. Une eau qui sort de terre / Une origine

8) Une atmosphère   H. Qui est libre d'action, autonome

③ **Compréhension. Répondez aux affirmations suivantes en écrivant « *vrai* » ou « *faux* ».**

1) _____ Ce texte fait la description d'une île européenne.

2) _____ Les premiers habitants de l'Islande sont arrivés il y a moins de mille ans.

3) _____ L'Islande est un pays sensiblement pauvre.

4) _____ Moins d'un million d'habitants vivent en Islande.

5) _____ Beaucoup de gens en Islande parlent au moins une langue.

6) _____ Les températures ne sont pas très chaudes en Islande durant l'été.

④ **Compréhension. QCM (Questions à Choix Multiples) : choisissez la bonne réponse.**

1) D'après le texte, quel est le deuxième plus grand pays d'Europe ?
☐ Le Royaume-Uni
☐ L'Islande
☐ On ne sait pas

2) Quand est-ce que les premières personnes se sont installées en Islande ?
☐ Autour de l'an 800
☐ Autour de l'an 1200
☐ Il y a une centaine d'années

3) Quand est-ce que l'Irlande est devenue indépendante ?
☐ En l'an 900
☐ En 1944
☐ On ne sait pas

4) D'après le texte, qu'est-ce qui rend l'Islande différente des autres pays ?
☐ C'est un pays assez riche.
☐ Beaucoup de ses habitants parlent la langue anglaise.
☐ Son économie est surtout tournée autour de la pêche.

5) Où vivent la plupart des Islandais ?
☐ À Reykjavik
☐ Dans d'autres pays
☐ Au Danemark

6) Quel mot décrit le mieux les températures estivales (= de l'été) **en Islande ?**
☐ Chaudes
☐ Fraîches
☐ Glaciales

7) Qu'est-ce qui est vrai à propos de la Norvège ?
☐ La Norvège détient le territoire de l'Islande
☐ La Norvège est en conflit avec l'Islande
☐ La Norvège a suspendu des vols aériens au cours d'une éruption

8) Où se trouvent les volcans d'Islande ?
☐ Ils sont répartis au travers du pays
☐ Ils se concentrent surtout autour de la capitale, Reykjavik
☐ On ne sait pas

⑤ Rédaction. Répondez aux questions suivantes.

1) Est-ce que vous voudriez **visiter** l'Islande ? Pourquoi ?

_____
_____
_____

2) Quels sont les **points communs** et les **différences** entre l'Islande et votre pays ?

_____
_____
_____
_____

3) Quels sont vos **endroits préférés**, parmi tous ceux que vous avez connus et visités ?

_____
_____
_____
_____

THEME : « *CULTURE ET CIVILISATION* »

Compréhension écrite : Culture française : vérité ou préjugés

Beaucoup d'idées circulent sur les Français. Certaines sont vraies tandis que[1] d'autres sont fausses. Lisez ce texte et répondez aux questions.

Il paraît que les Français aiment manger les **escargots** et les **cuisses de grenouille** !

Il est vrai que certains Français mangent parfois des escargots en sauce, mais cela reste rare. Ce n'est pas un plat très fréquent. Et ils sont encore moins à manger des cuisses de grenouille ! Personnellement, j'habite en France depuis 30 ans et je n'en ai encore jamais mangé ! En revanche, il est vrai que nous sommes attachés à nos baguettes et à nos délicieuses **viennoiseries**.

Certains disent que les Français sont **sales** et qu'il y a des crottes de chien partout. Cela n'est pas tout à fait vrai : la majorité des Français se lavent très souvent, parfois même tous les jours. En revanche, beaucoup de propriétaires de chiens ne ramassent pas les déjections de leur toutou ! Eh bien, c'est vrai à 100 % ! Ça m'énerve beaucoup ! Il existe des amendes pour ça, mais elles sont rarement appliquées.

Et le **fromage** ? Il fait vraiment partie de notre **patrimoine** ! Il existe en France plus de 1 000 fromages différents ! Les Français, en général, aiment bien en manger, même si souvent ils mangent du fromage industriel qu'on trouve au supermarché. C'est bien dommage. Il faut privilégier les producteurs locaux.

On peut penser que les Français sont des **fainéants** et qu'ils font souvent la grève. C'est vrai que nous faisons parfois grève, mais c'est pour défendre nos droits ! Les Français travaillent certes moins que la moyenne européenne (1680 heures par an, contre 1850 heures en Europe), mais ils ont une bonne productivité.

Et le **béret** ? Peu de Français le portent aujourd'hui : c'est **démodé** ! Les Français ont perdu l'habitude de se couvrir la tête, après la Seconde guerre mondiale. Idem pour le **chapeau** : très courant au XIXème siècle, il est maintenant assez rare.

Autre préjugé : le Français serait **malpoli** ! Ceci n'est pas complètement faux, en particulier à Paris. Les gens y sont parfois rudes et peu accueillants, mais c'est moins vrai chez les jeunes. Certains serveurs sont sympas, mais d'autres sont assez **hautains** ! En revanche, dans le sud de la France, les gens ont la réputation d'être plus chaleureux.

---

[1] « tandis que » peut être remplacé par « alors que »

Questions sur le texte : "Culture française : vérité ou préjugés ?"

① **Trouvez la définition correspondant à ces mots du texte.**

Hautain :
☐ Qui paraît plus grand que les autres
☐ Qui se sent supérieur aux autres
☐ Qui n'aime pas aider les autres

Fainéant :
☐ Qui ne veut rien faire
☐ Qui est incompétent
☐ Qui est désagréable

Une viennoiserie :
☐ Une habitante de Vienne (ville française)
☐ Un produit boulanger à base de pâte
☐ Un biscuit sucré ou salé

Rude :
☐ Qui est sombre
☐ Qui est brutal
☐ Qui est solide

Démodé :
☐ Qui est sans intérêt, inintéressant
☐ Qui est récent, d'actualité
☐ Qui n'est plus à la mode, qui est désuet

Un patrimoine :
☐ Un pays, une patrie
☐ Une famille recomposée
☐ L'héritage commun d'un groupe

② **Exercice : Répondez aux questions**

1) À quelle fréquence les Français mangent-ils des escargots et des cuisses de grenouille ?

2) Est-ce que les Français aiment manger du fromage ?

3) Les Français travaillent-ils moins que les autres ?

4) Les Français portent-ils des bérets ?

5) Les Français sont-ils malpolis ?

③ **Rédaction / Discussion : Comment trouvez-vous la vie en France ?**
Si vous n'y êtes jamais allé(e), comment vous l'imaginez-vous ?

Compréhension écrite : La vie à Paris

Paris est la capitale de la France. Son nom lui a été donné en 310. Avant, la cité s'appelait **Lutèce**. Paris, qu'on surnomme la « **Ville Lumière** », est à la fois la capitale politique, économique et administrative du pays. C'est une ville relativement petite (105 km² contre 890 km² pour Berlin ou 1 572 km² pour Londres) mais elle est très peuplée (plus de deux millions d'habitants intra-muros). Sa devise est *"fluctuat nec mergitur"*, qu'on peut traduire du latin par : « *Il tangue mais ne sombre pas* ».

Aujourd'hui, vivre à Paris comporte des **avantages** :
- **Transports en commun** : vous pouvez prendre le bus, le tramway, le métro... il y a aussi les trottinettes et les vélos, donc on n'a pas besoin de voiture si on vit dans la capitale !
- **Magasins, cafés, restaurants** : ils sont innombrables ! Vous en trouverez partout. Un conseil : avant d'entrer dans un restaurant, **vérifiez** bien sur internet si c'est un bon endroit ! Il y a des endroits superbes à Paris, mais aussi des lieux à fuir.
- **Tourisme et sorties** : le choix de sorties est très vaste ! Vous pouvez visiter de nombreux monuments, musées, des jardins et parcs. La culture est omniprésente à Paris.
- **Travail** : Il y a beaucoup d'entreprises installées en Île-de-France. Il est donc plus facile de trouver du travail quand on habite à Paris ou en banlieue.

Toutefois, il existe des **inconvénients** :
- La **criminalité** :
  - On trouve pas mal de **pickpockets** dans la ville, dans le métro, le tramway... Il faut vraiment **faire attention** ! De façon générale, restez **méfiant** et **vigilant**.
  - Évitez d'utiliser votre téléphone dans le bus, le métro, le train, surtout s'il s'agit d'un téléphone dernier cri. Parfois, des voleurs peuvent attendre la fermeture des portes pour vous piquer votre téléphone et partir avec !
- Le **manque de civisme** : beaucoup de gens ne sont pas très polis, les conducteurs de voiture roulent souvent vite, les vélos ne respectent pas toujours les piétons...
- La **saleté** : Déchets, odeurs d'urine, crottes de chien... C'est hélas monnaie courante.
- Le **coût de la vie** : Paris est hélas une ville assez chère. Les magasins pratiquent parfois des prix excessifs, et les loyers sont très élevés.

Par ailleurs, il y a certaines **choses à savoir** :
- À Paris et en Île-de-France, lorsque vous prenez l'escalator dans le métro ou le train, la file de gauche est réservée aux gens pressés !
- Les gens parlent généralement mal l'anglais.
- Évitez les transports en commun aux heures de pointe.

Quoi qu'on en dise, **Paris est une ville à visiter** absolument ! C'est la **septième ville** la plus visitée au monde, avec plus de 14 millions de touristes par an.

① **Vocabulaire.** Trouvez les définitions qui correspondent.

1 :	Idéaliser quelque chose / Idéaliser quelqu'un	a.	Qui est partout, qui accompagne en tout lieu.
2 :	Un pickpocket	b.	À l'intérieur d'une ville, d'un bâtiment, d'un organisme, des murs.
3 :	Piquer quelque chose (*fam.*)	c.	Quelque chose de nouveau, qui vient de sortir, qui est à la mode.
4 :	Hélas	d.	Se balancer d'avant en arrière ; se balancer dans tous les sens.
5 :	Vigilant	e.	Moyennement, assez.
6 :	C'est monnaie courante	f.	Croire que cette chose ou cette personne est parfaite. Avoir une représentation embellie de quelque chose ou quelqu'un.
7 :	Dernier cri	g.	Voler quelque chose.
8 :	Excessif	h.	Qui fait attention.
9 :	Tanguer	i.	Malheureusement
10 :	Relativement	j.	Voleur qui fouille les poches et enlève discrètement ce qui s'y trouve.
11 :	Intra-muros	k.	C'est habituel.
12 :	Omniprésent	l.	Qui dépasse la mesure souhaitable ou permise ; trop grand, trop important.

② **Vrai ou faux ?** Réponds aux questions et corrige, s'il y a lieu, les réponses fausses.

	Vrai	Faux
1. La vie à Paris est assez abordable	☐	☐
⇨		
2. La sécurité est optimale dans la capitale française	☐	☐
⇨		
3. L'écrasante majorité des Parisiens est anglophone	☐	☐
⇨		
4. Il est intéressant d'habiter à proximité de Paris si on est à la recherche d'un emploi	☐	☐
⇨		

③ **Répondez aux questions.**

1) Pouvez-vous citer certains avantages et inconvénients de la vie à Paris ?

2) Est-ce que vous aimeriez vivre à Paris ? Pourquoi ?

3) Dans quelle ville aimeriez-vous vivre et pourquoi ?

Expression écrite : « Mon pays d'accueil »

✏️ **Exercice d'écriture : répondez à ces questions à propos de votre pays d'accueil**

Quel est votre **pays d'origine** et quel est votre **pays d'accueil** ?

_____
_____
_____

Quand êtes-vous arrivés dans votre pays d'accueil et **comment** ?

_____
_____
_____

Qu'est-ce que vous **appréciez** dans votre pays d'accueil ?

_____
_____
_____
_____

Qu'est-ce que vous **n'appréciez pas** dans votre pays d'accueil ?

_____
_____
_____
_____

Quelles sont les choses qui vous **manquent** par rapport à votre pays d'origine ?

_____
_____
_____
_____

Expression écrite : « Mon pays d'origine »

✏ **Exercice d'écriture : répondez à ces questions à propos de votre pays.**

Nom du pays :

Capitale :

Nombre d'habitants :

Fête nationale :

Votre ville d'origine :

Spécialités culinaires et **traditions** du pays :

Avantages du pays :

Inconvénients du pays :

EXPRESSION ECRITE : « *CULTURE DU PAYS D'ORIGINE* »

🖉 **Exercice d'écriture : pouvez-vous décrire le mode de vie, les habitudes et le comportement des gens de votre pays d'origine ?**

Compréhension et expression écrite : Lettre d'une étudiante à Paris

① **Lisez le texte suivant**

Coucou ! Comment vas-tu ? Ça fait quelques temps que je ne t'ai pas écrit, désolée.

Je suis très prise depuis mon emménagement à Paris. Je ne sais pas si je te l'ai dit, mais je suis maintenant en colocation : je loue un appartement avec une autre fille, dans le Quartier latin. Par contre, le loyer n'est pas donné ! Je paye quand même 600 € par mois, tu te rends compte ?! Je trouve ça abusé, en plus l'appartement n'est pas super grand.

Après, le quartier est plutôt sympa. C'est assez calme et il y a de beaux endroits pour sortir. J'aime bien flâner dans le Jardin du Luxembourg, tu sais, c'est le parc où se trouve le Sénat ! Il y a de la végétation et beaucoup de fontaines. Mais bon, la ville est quand même un peu sale, il y a pas mal de voitures, du bruit, et les gens ne sont pas toujours agréables… Je t'avoue que mon village paisible me manque ! Mais il faut aller de l'avant. Je dois me faire une raison, c'est indispensable que je termine mes études ici pour pouvoir voler de mes propres ailes.

Pour rebondir sur le sujet des études, figure-toi que j'ai enfin commencé les cours à la fac. J'hésitais entre les mathématiques et le droit, j'ai finalement choisi la deuxième solution !

J'étudie à Assas. Le niveau est élevé ! Ce n'est pas facile de suivre, et surtout de se mettre au travail toute seule. Mais bon, je m'accroche, je n'ai pas le choix ! En ce moment, je suis au bout du rouleau, du coup j'ai séché quelques cours… Vivement les vacances, pour que je puisse souffler un peu…

Et toi, comment ça se passe ? Quoi de neuf depuis la dernière fois ? Donne-moi de tes nouvelles ! Il me tarde de te voir !

Bisous et à bientôt 😊

Anissa

Le Quartier Latin

Explication de certains termes

- « *Être en **colocation*** » signifie louer son logement avec une autre personne.

- Le **Quartier latin** est un beau quartier du centre de **Paris** (situé dans les 5ème et 6ème arrondissements), où se trouvent beaucoup de bonnes écoles et universités. On y trouve aussi des monuments comme le Panthéon ou le Palais du Luxembourg.

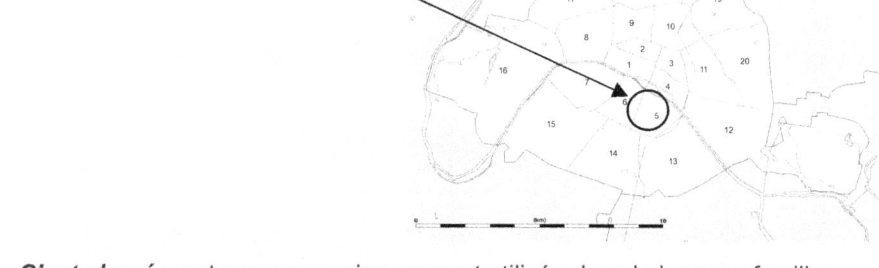

- « ***C'est abusé*** » est une expression souvent utilisée dans le langage familier.

- « ***flâner*** » signifie se promener tranquillement sans but, ou se détendre en ne faisant rien.

- « ***Assas*** » est une université parisienne connue (un peu comme la Sorbonne), spécialisée surtout en droit.

② **Vocabulaire. Trouvez les phrases qui correspondent aux expressions suivantes.**

1 : ___	**Je suis assez pris.**	a.	Je suis épuisé(e).
2 : ___	**Ce n'est pas donné.**	b.	Je ne suis pas allé à des cours.
3 : ___	**C'est abusé.** (*fam.*)	c.	J'ai pas mal de choses à faire.
4 : ___	**Je m'accroche.**	d.	Il faut que j'avance de façon optimiste.
5 : ___	**Je me suis accroché avec lui.**	e.	C'est cher.
6 : ___	**Je suis au bout du rouleau.**	f.	Je dois accepter la situation défavorable.
7 : ___	**J'ai séché des cours.** (*fam.*)	g.	Je persévère, je fais preuve de ténacité.
8 : ___	**Il me tarde de te voir.**	h.	C'est exagéré, c'est trop.
9 : ___	**Je dois aller de l'avant.**	i.	Je souhaite être indépendant, libre.
10 : ___	**Je dois me faire une raison.**	j.	Je suis impatient(e) de te retrouver.
11 : ___	**Je veux voler de mes propres ailes.**	k.	Je me suis disputé(e) avec lui.

③ **Répondez aux questions suivantes :**

1. Où vit Anissa ?
☐ Au Luxembourg
☐ À Paris
☐ À Nantes

2. Quelle matière étudie Anissa ?
☐ Les mathématiques
☐ Le français
☐ Le droit

3. D'où vient Anissa ?
☐ D'une grande ville
☐ D'une petite ville
☐ D'un village

4. Comment sont les études pour Anissa ?
☐ Faciles à gérer
☐ Moyennement faciles à gérer
☐ Très difficiles à gérer

- Qu'est-ce qu'Anissa **apprécie** dans sa vie à Paris ?

_____

_____

- Qu'est-ce qu'Anissa **n'apprécie pas** dans sa vie à Paris ?

_____

_____

④ **Rédigez une réponse au message d'Anissa.** Il peut s'agir d'une fiction ou de la réalité.

(Informations : Anissa habite au 1 rue Littré, à Paris 6ème. Vous inventerez son nom de famille)

COMPREHENSION ECRITE : « *LA TOUR EIFFEL* »

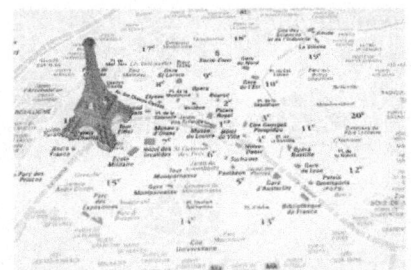

La tour Eiffel est une tour fabriquée à partir de **fer**. Elle est située à Paris, **dans la partie ouest** de la capitale, à côté de la Seine.

On l'appelle Tour Eiffel car elle a été conçue par **Gustave Eiffel** et ses collaborateurs, pour l'Exposition universelle de Paris de 1889.

Elle a été construite pour célébrer le centenaire de la Révolution française (14 juillet 1789). On l'appelait au départ la « tour de 300 mètres ». Petit à petit, ce monument est devenu le **symbole de la capitale française**, et un site touristique de premier plan : il s'agit du **second site culturel français payant** le plus visité, derrière la **cathédrale Notre-Dame de Paris** étant en tête des monuments à l'accès libre avec 13 millions de visiteurs estimés.

Construite en **un peu plus de deux ans**, de 1887 à 1889, par 250 ouvriers, elle est inaugurée, à l'occasion d'une fête de fin de chantier organisée par Gustave Eiffel, le **31 mars 1889**. Les Parisiens critiquent cette construction et sa fréquentation diminue rapidement. C'est bien plus tard que la tour Eiffel connaît le succès, dans les années 1960.

D'une hauteur de 312 mètres à l'origine, la tour Eiffel est restée le monument le plus élevé du monde pendant 41 ans. La hauteur de la tour a été **plusieurs fois augmentée** par l'installation de nombreuses **antennes**, pour culminer à 324 mètres depuis le 8 mars 2011 avec un émetteur TNT. Utilisée dans le passé pour de nombreuses expériences scientifiques, elle sert aujourd'hui **d'émetteur de programmes radiophoniques et télévisés**.

Aujourd'hui, elle accueille **plus de six millions de visiteurs chaque année**.

① **Exercice : Lis le texte ci-dessus et réponds aux questions (construis des phrases complètes).**

1) Le long de quel fleuve se trouve la Tour Eiffel ?

___

2) Pour quelle occasion a-t-elle été construite ?

___

3) Quel a été le matériau principal utilisé pour la construire ?

___

4) Quelle est la taille actuelle de cette tour ?

___

5) Quel grand monument de Paris est plus visité que la Tour Eiffel ?

___

6) Combien de personnes visitent la Tour Eiffel chaque année ?

___

② **Rédaction :** « *Avez-vous déjà visité la Tour Eiffel ? Qu'en avez-vous pensé ?* »

Thème : Santé et sécurité

Compréhension et expression écrites : « Comment rester en forme ? »

Il est important d'adopter de **bonnes habitudes** pour rester en bonne santé.

- Mangez beaucoup de **fruits et légumes**, et évitez tous les aliments transformés.

- **Évitez le sucre blanc** ! Il faudrait supprimer les produits trop sucrés tels que les sodas, les bonbons… L'organisation mondiale de la santé (OMS) recommande moins de 25 grammes de sucre ajouté par jour, mais souvent nous en consommons beaucoup plus !

De façon générale, il faut **éviter d'avoir des apports déséquilibrés** : ainsi, il est bon d'avoir des assiettes contenant à la fois des glucides, des protéines et des lipides (éviter donc les pâtes seules).

- Tâchez de ne pas **boire**[1] ni de **fumer** ! Boire de l'alcool est **néfaste** pour la santé, idem[2] pour la cigarette ! Par ailleurs, il ne faut pas avoir **trop de stress** car cela fragilise l'organisme.

- **Sortez chaque jour** ! Il est important de voir la lumière du jour et si possible, d'être un peu au **soleil**.

- Il faut **faire de l'exercice physique** : essayez de marcher, de bouger le plus possible. Par exemple, prenez les escaliers au lieu de prendre l'escalator ou l'ascenseur. Dans l'idéal, faites 45 minutes à une heure de sport par jour.

- Il est important de **dormir assez** : essayez de dormir **au moins 7h par nuit**.

Quelles sont vos **bonnes habitudes** ?

_____

_____

_____

_____

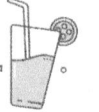

Quelles sont vos mauvaises habitudes ?

_____

_____

_____

_____

---

[1] Quand on dit ici « *boire* », on comprend « *boire de l'alcool* ». Si on dit par exemple : « *Il a bu…* », on comprendra tout de suite que c'est « *Il a bu de l'alcool* ».

[2] « *idem* » veut dire : « c'est la même chose » (« *idem* » vient du latin)

Vocabulaire : Le corps humain

✐ **Lis ce texte et complète les 10 espaces vides du schéma.**

Le corps humain est une machine fantastique ! Voici quelques-uns des organes clés de notre organisme, ainsi qu'une description de leur fonction.

Les poumons : situés au niveau du torse, les poumons jouent un rôle essentiel dans notre respiration. L'oxygène de l'air entre dans notre corps par le nez et la bouche, puis il va dans les poumons et passe dans le sang, grâce aux alvéoles pulmonaires.

Le cœur : situé au centre de la poitrine, il bat entre 55 et 85 fois par minute. Il bat donc plus de 100 000 fois par jour et plus de 36 millions de fois par an ! Il permet au sang de circuler dans tout le corps, afin que tous les organes soient nourris (au travers des artères) et puissent ensuite se débarrasser de leurs déchets (par les veines).

Le foie : c'est l'organe interne le plus gros et le plus lourd (environ 1,5 kilogrammes). Il est situé sur le côté droit du corps. Il est fondamental car il permet de neutraliser les substances toxiques que nous absorbons.

L'estomac : c'est là que les aliments sont digérés. Cet organe est situé à côté du foie. L'acidité de l'estomac est très élevée. Une fois transformés, les aliments sont ensuite dirigés vers l'**intestin grêle**, où les nutriments seront absorbés. L'intestin grêle ressemble à une sorte de « tuyau » rose vif. Ensuite, les matières indigestes continuent leur route jusque dans le **gros intestin** (aussi appelé **côlon**), où l'eau est récupérée par le corps tandis que les matières sont compactées sous forme de selles.

La rate : située dans le côté gauche de l'abdomen, près de l'estomac, elle stocke des cellules immunitaires (qui protègent le corps). Elle purifie également le sang en éliminant les globules rouges vieillissants.

Le pancréas : cet organe est situé en bas du foie, derrière l'estomac. Il sécrète des sucs digestifs pour la digestion ainsi que de l'insuline pour la régulation de la glycémie (quantité de sucre dans le sang).

Les reins : nous avons chacun deux reins situés dans le dos. Les reins ont une fonction importante car ils filtrent les substances toxiques indésirables et éliminent l'eau en excès. Les reins fabriquent aussi des hormones importantes (= substances qui transmettent des messages chimiques dans l'organisme).

La vessie : elle se situe près des parties génitales. C'est là qu'est stockée l'urine produite par les reins.

La thyroïde : située dans le cou, c'est une glande qui a la forme d'un papillon. Elle fabrique des hormones qui auront des effets importants dans l'organisme. La thyroïde joue un rôle essentiel pour notre santé.

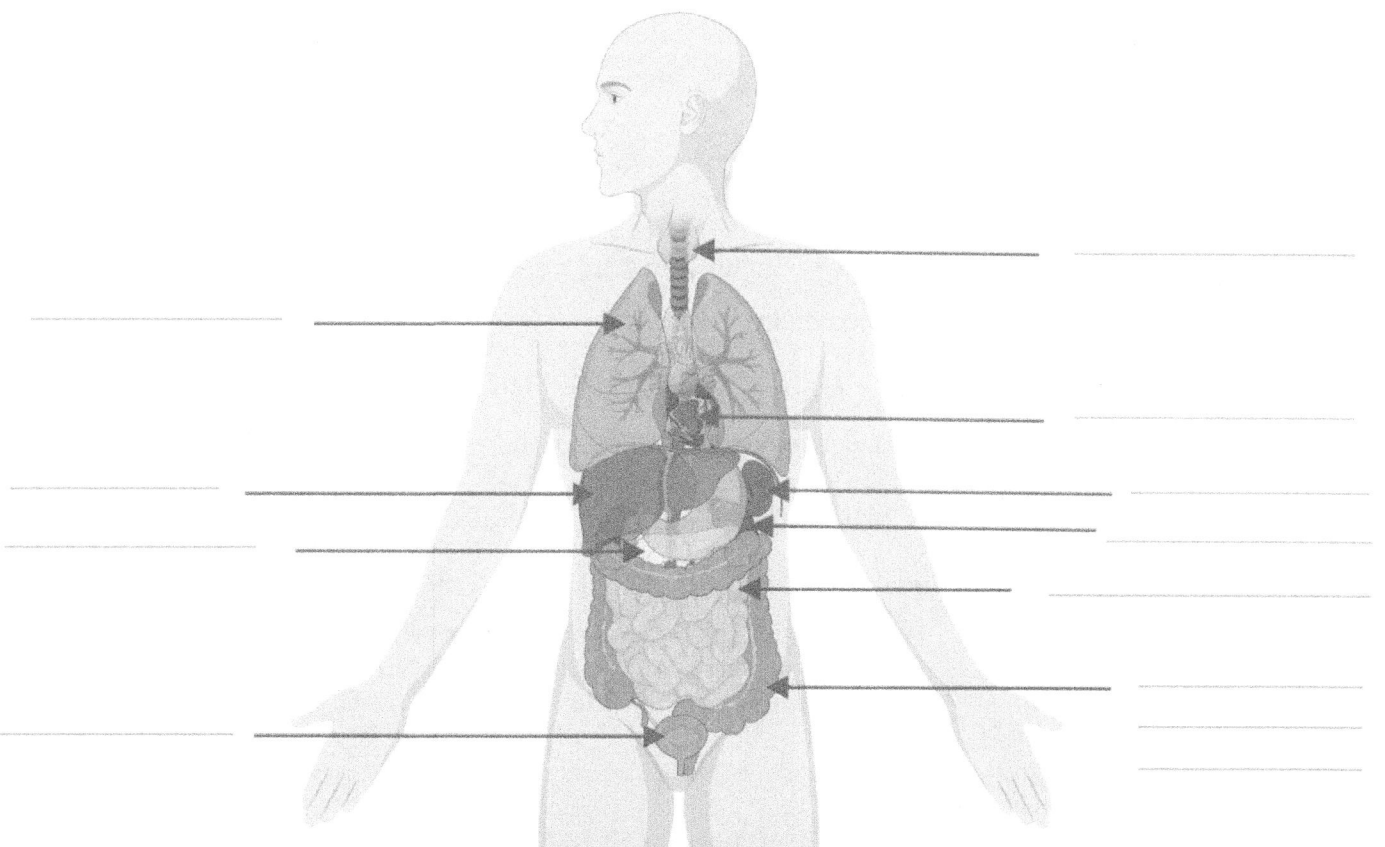

Compréhension écrite : Le sommeil et les rêves

① **Lisez le texte. Complétez le texte de droite avec les mots sur le côté gauche.**

À quelle heure tu te couches, généralement ? Est-ce que tu dors assez ?

Liste des mots

- B baille
- C cauchemars
-    couche
- D dormir
- E endormi
-    endormir
- F fatigue
- I insomnies
- L lève
- M matinal
-    met au lit
- O oiseau de nuit
- R réveil
-    réveille
- S siestes

1. J'adore rester debout jusque très tard et regarder des séries, ou bien naviguer sur internet. Tous mes amis disent que je suis un _____.

2. Je me fais des soucis par rapport à mon travail et à l'argent, à tel point que je fais des _____ : impossible de dormir !

3. Mon _____ est très bruyant : il réveille même mes voisins… !

4. Le week-end, je me _____ souvent assez tard.

5. Après avoir regardé un film d'horreur, je fais souvent des _____.

6. Il est essentiel d'avoir un sommeil suffisant. Je me couche donc vers 22 heures et je me _____ vers 6 heures du matin.

7. Mon ami est très _____. Il se lève vers 6 heures du matin et fait du sport avant d'aller au travail.

8. Dans beaucoup de pays, les gens ont l'habitude de faire des _____ : ils dorment un peu au cours de l'après-midi.

9. Quand je me sens fatigué, j'ouvre grand la bouche et je _____.

10. Habituellement, je lis un bouquin avant de _____.

11. On se couche vers 23h, mais notre fils a seulement quatre ans, donc on le _____ à 20h30.

12. Je ressens une grande _____ chronique. Je dois aller voir mon médecin.

13. Oui, il est _____. Je l'entends ronfler.

14. Je me réveille vers 6 heures, mais je ne me _____ pas tout de suite. J'aime bien rester au lit une dizaine de minutes de plus.

15. Il est 23 heures. C'est l'heure d'aller _____ !

② Trouvez la phrase qui explique les expressions suivantes liées au sommeil.

1. Hassina a fait la grasse matinée
☐ Elle a dormi tard
☐ Elle s'est levée tard
☐ Elle a mangé un petit-déjeuner gras

2. Juliette a un coup de barre
☐ Elle est soudainement fatiguée
☐ Elle s'est faite un peu mal
☐ Elle a reçu un coup au sport

3. Elena a le sommeil léger
☐ Elle dort peu la nuit.
☐ Elle a un sommeil peu réparateur
☐ Elle se réveille facilement la nuit

4. Bakary dort à poings fermés
☐ Il dort avec les mains serrées
☐ Il dort profondément
☐ Il dort souvent seul

5. Su Eng a un sommeil de plomb
☐ Elle a un sommeil très profond
☐ Elle a un sommeil agité
☐ Elle a un sommeil peu réparateur

6. Aïssatou n'a pas fermé l'œil de la nuit
☐ Elle a été réveillée plusieurs fois cette nuit
☐ Elle a travaillé toute la nuit
☐ Elle n'a pas dormi la nuit dernière

7. C'est une histoire à dormir debout !
☐ C'est une histoire passionnante
☐ C'est une histoire peu intéressante
☐ C'est une histoire étrange

8. Benette est dans les bras de Morphée
☐ Elle a été enlevée
☐ Elle est endormie
☐ Elle n'arrive pas à dormir

③ Décrivez votre sommeil : est-ce que vous dormez beaucoup ? Dormez-vous sur le dos ou sur le côté ? Est-ce que vous avez un sommeil léger ou un sommeil lourd ?

COMPREHENSION DE TEXTE : « SECURITE ROUTIERE »

① **Lisez le texte suivant.**

10 éléments à surveiller pour rouler en sécurité

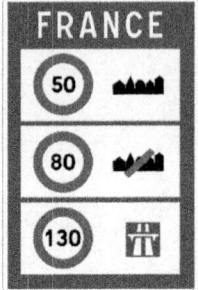

1. La vitesse. Elle constitue la cause principale des accidents : on la trouve dans 1 accident mortel sur 2. Il faut adapter sa vitesse aux circonstances. Plus vous allez vite, plus vous risquez un accident.

2. L'état des voitures. Une voiture mal entretenue peut être dangereuse. L'éclairage, les pneus, les freins… tout doit être surveillé. Il faut avoir son contrôle technique à jour, sinon vous risquez d'avoir une amende de 135 € ainsi qu'une confiscation du véhicule.

3. L'alcool. Conduire après avoir bu est très dangereux. La limite autorisée en 2019 est de 0,5 g/L de sang, et 0,2 g/L pour les jeunes conducteurs (soit à peine un verre de vin). Au-delà de la limite légale, vous devenez 10 fois plus dangereux qu'une personne n'ayant pas consommé d'alcool. Pensez

4. Le casque. En moto, il est indispensable de mettre un casque adapté. Une chute sur la tête pourrait être fatale. Prenez vos précautions.

5. La citadins[1]. Lorsque vous êtes en agglomération, soyez encore plus vigilant. Faites attention aux gens : enfants, jeunes, personnes âgées… Leurs réactions sont parfois imprévisibles. Roulez donc doucement et calmement.

6. La fatigue. Être fatigué entraîne des conséquences potentiellement graves. En effet, le risque d'avoir un accident est 8 fois plus important lorsqu'on est somnolent ! Un accident sur trois, sur l'autoroute, est associé à la somnolence. Il faut donc dormir suffisamment, faire une pause toutes les deux heures, marcher, boire de l'eau ou du jus d'oranges.

7. La priorité. Respectez les priorités et n'en abusez pas lorsque vous l'avez sur la route.

8. La ceinture. Attachez toujours votre ceinture, à l'avant comme à l'arrière. La ceinture peut sauver des vies ! Si vous ne portez pas de ceinture, vous pouvez perdre 3 points de permis et avoir une contravention de 135 €.

9. Les trajets courts. Beaucoup d'accidents se déroulent à proximité du domicile ou sur les courts trajets habituels. Par habitude, on fait moins attention autour de chez soi. 2 accidents sur 3 ont lieu sur des trajets de moins de 15 km, alors ouvrez toujours les yeux[2] et soyez vigilant !

10. Le téléphone. Utiliser le téléphone sur la route est très dangereux ! Pourtant, 76 % des jeunes conduisent en téléphonant. Le téléphone est responsable de 10 % des accidents de la route !

---

[1] Les **citadins** sont les habitants des villes.
[2] « Ouvrez les yeux » signifie ici : « Faites attention ». « Ouvrir les yeux » peut aussi vouloir dire « se rendre compte de quelque chose, accepter quelque chose ». Exemple : « *Si tu ne travailles pas, tu ne réussiras pas ! Ouvre les yeux !* » (dans le sens : « *Réveille-toi ! Tu dois travailler sinon tu ne réussiras pas ! Rends-toi compte de cela !* »)

② **Répondez aux questions.**

Sécurité Routière

	Vrai	Faux
1) Quand on est fatigué sur la route, il suffit de ralentir un peu.		
2) En buvant de l'alcool, on devient beaucoup plus dangereux sur la route.		
3) On peut être sanctionné si notre voiture est mal entretenue.		
4) La vitesse est rarement impliquée dans les accidents.		
5) Un accident sur trois a lieu sur des petits trajets.		
6) La ceinture est importante mais n'est pas obligatoire.		
7) Les habitants des villes ne sont pas toujours prudents.		
8) En général, il y a plus d'accidents sur les trajets courts ou habituels.		
9) Il est impératif pour les motards de mettre un casque.		
10) Téléphoner au volant est risqué.		

③ **Êtes-vous un bon conducteur ? Comment roulez-vous ?**

- Je pense que je suis un très bon conducteur / un bon conducteur / un assez bon conducteur / un mauvais conducteur.

- Je fais très attention sur la route / Je fais moyennement attention / Je ne fais pas très attention quand je roule.

- Je suis très prudent / Je suis prudent / Je prends parfois des risques / Je prends souvent des risques.

- J'essaye de ne pas rouler trop vite / Je roule parfois un peu vite.

- Je n'ai pas le permis (de conduire) / Je n'ai pas de voiture / Je ne roule pas beaucoup / Ce n'est pas moi qui roule, c'est mon mari – ma femme – mon enfant…

Theme : « L'argent »

Vocabulaire : Les achats au supermarché

Lisez le texte et complétez les espaces vides avec les mots de gauche. Nous allons ici nous intéresser au vocabulaire des grandes surfaces.

Liste des mots

- B boîtes de conserve
     boulangerie
- C carte de fidélité
     chariot
     courses
- D DLC[1]
- E espèces
- F frais
- I ingrédients
- P panier
     prix
     produits laitiers
- R reçu
- S sacs en plastique
     surgelée

1. On peut acheter du pain et des viennoiseries dans le rayon _____ du magasin.

2. Vous pouvez trouver du lait et du fromage dans le rayon _____.

3. Vous voulez payer en _____ ou par carte bleue ?

4. Évidemment, la nourriture _____ est très froide.

5. On peut bénéficier de certains avantages en utilisant une _____.

6. C'est quoi le _____ de cette boîte de céréales ? Ça coûte combien ?

7. La _____ de ce produit est le 14 décembre 2018. Tu devrais le jeter.

8. Je déteste faire les _____ le samedi. Il y a trop de monde !

9. Si tu n'as pas beaucoup de choses à acheter, je te conseille d'utiliser un _____.

10. Après avoir payé à la caisse, on reçoit un _____.

11. Un ouvre-boîte permet d'ouvrir les _____.

12. Avant, on distribuait gratuitement des _____ à la caisse des magasins.

13. On a beaucoup de choses à acheter ! Prends cette pièce pour aller chercher un _____ !

14. Tu as regardé la liste des _____ ? J'ai peur qu'il y ait des additifs alimentaires dans ces bonbons.

15. Le poisson a été pêché ce matin, il est très _____ !

---

[1] DLC veut dire : « *Date limite de consommation* »

COMPREHENSION : « *REMPLIR UN CHÈQUE* »

Savoir **remplir un chèque** *est une* **compétence indispensable**, *même si maintenant le chèque est moins utilisé (notamment grâce à internet). Toutefois, il reste assez répandu en France. Si vous travaillez, vous pouvez recevoir votre salaire par chèque. Vous pouvez aussi payer le loyer du logement par chèque, ainsi que d'autres choses (club de sport…).*

Attention : *parfois ce n'est pas possible de faire (certains donnent des chèques* **sans provision**, *c'est-à-dire qu'ils n'ont pas l'argent disponible sur le compte : le chèque peut alors être* **rejeté**).

① **Remplissez les chèques grâce aux informations qui vous sont données.**
Remarque : *Vous pouvez choisir la date et la ville que vous souhaitez, lorsqu'aucune information n'est donnée.*

1) Vous payez le loyer de votre logement. Il s'élève à 800 €. Vous habitez à Paris et vous donnez le chèque à Madame Laproprio[1].

2) Vous devez payer le plombier suite à une réparation. Il vous a facturé 95,50 €. Le plombier s'appelle Monsieur Tuyau. Vous indiquerez la ville de votre choix.

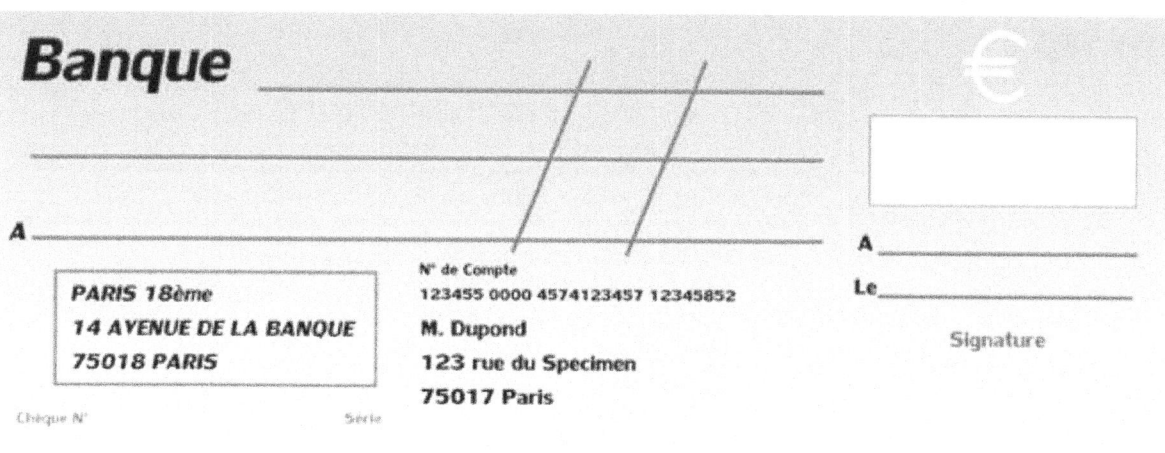

---

[1] Le nom « Laproprio » est un **jeu de mots** : « la **proprio** » (langage familier) veut dire « la **propriétaire** ».

3) Vous devez payer 150 € à l'entreprise ARTI-BÂTIMENT pour la réparation de votre store.

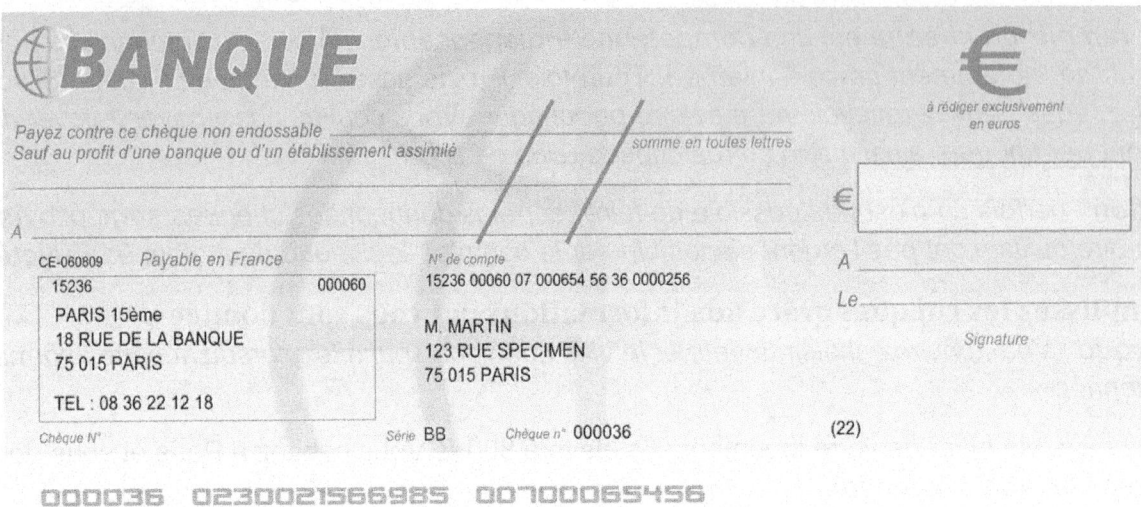

4) Vous devez payer 105 € au Trésor Public, en paiement d'une contravention.

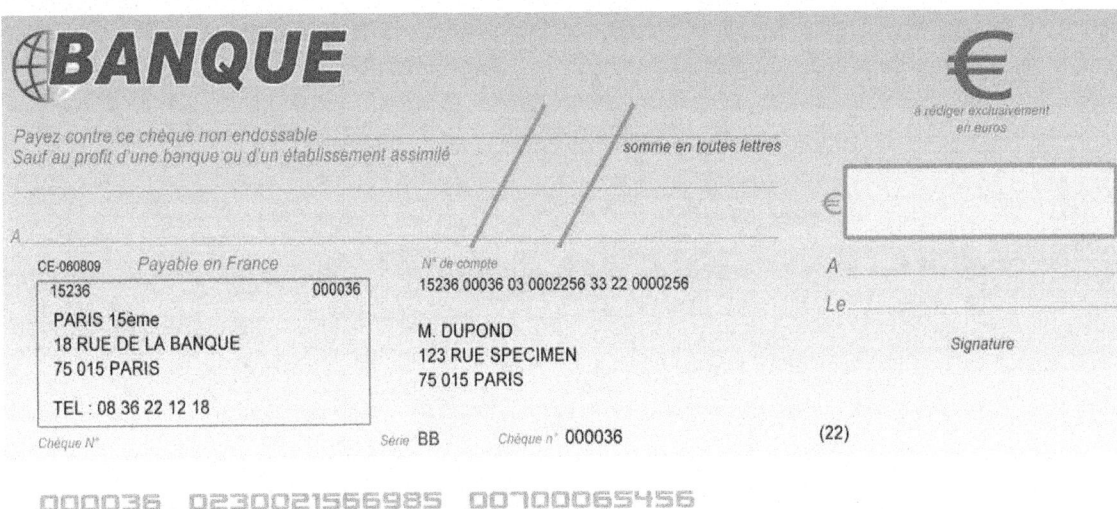

5) Vous devez payer 189 € pour l'association sportive de votre ville, afin d'inscrire un membre de votre famille au sport.

EXPRESSION ECRITE : « *METTRE DE L'ARGENT DE COTE* »

✏ **Exercice :** « *Est-ce que tu arrives à économiser de l'argent ? Si oui, comment ? Si non, comment pourrais-tu arranger la situation pour mettre de l'argent de côté ?*

THEME : « *LA METEO ET LES VACANCES* »

LEÇON : « *LA METEO* »

Leçon : Lisez bien le vocabulaire concernant la **météo** et les **conditions climatiques** :

- **Il fait […] degrés à [*ville*] / Il fait beau à … avec une température de … degrés.**
- **La température est de … degrés / Les températures tournent autour de … degrés.**
- **7° C** = 7 degrés (Celsius)
    - *En général, on ne dit pas « Celsius » lorsqu'on lit « ° C ». On dit simplement « degrés ». Les degrés Celsius correspondent à une échelle de mesure ; l'autre échelle utilisée, notamment aux Etats-Unis, est l'échelle Fahrenheit. 7 degrés Celsius = 44,6 degrés Fahrenheit.*
- **Il fait beau** = Il y a du soleil, sans nuage ou avec un peu de nuages.
- **Il fait bon** = Il fait assez chaud mais pas trop, et il fait beau.
- **Il y a un temps ensoleillé / Il y a du soleil / Il y a un grand soleil / un beau soleil**
- **Il fait chaud / Il fait très chaud**
- **Il ne fait pas très beau / Il fait un temps maussade**
- **Il fait froid / Il fait très froid**
- **Il y a du brouillard**
- **Il fait un temps glacial**
- **C'est la canicule ! / Il fait un temps caniculaire** = il fait vraiment très chaud
    - *Une **canicule** est une période de grande chaleur, normalement c'est pour plusieurs jours au moins.*
- **Il fait nuageux / Il y a des nuages / c'est un temps couvert**
- **Il pleut / Il y a de la pluie / un temps pluvieux**
- **Une éclaircie** = quand il y a un peu de soleil au cours d'un épisode nuageux ou pluvieux
- **Une vague de froid ≠ Une vague de chaleur**
    - *C'est généralement inattendu, soudain.*

Expressions et langage parlé :

- « *C'est un temps de chien !* » = Il ne fait pas beau du tout.
- « *Il pleut des cordes* » = Il pleut beaucoup
- Il fait moche (*familier*) = Il ne fait pas beau
- Le **thermomètre** ne dépassera pas les 10 degrés = la température n'excèdera pas 10 degrés.

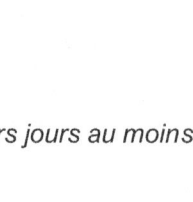

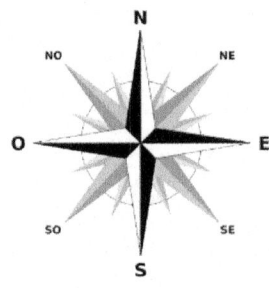

COMPREHENSION : « *ROSE DES VENTS ET LECTURE DU BULLETIN METEO* »

① **Indiquez les directions au bon endroit**

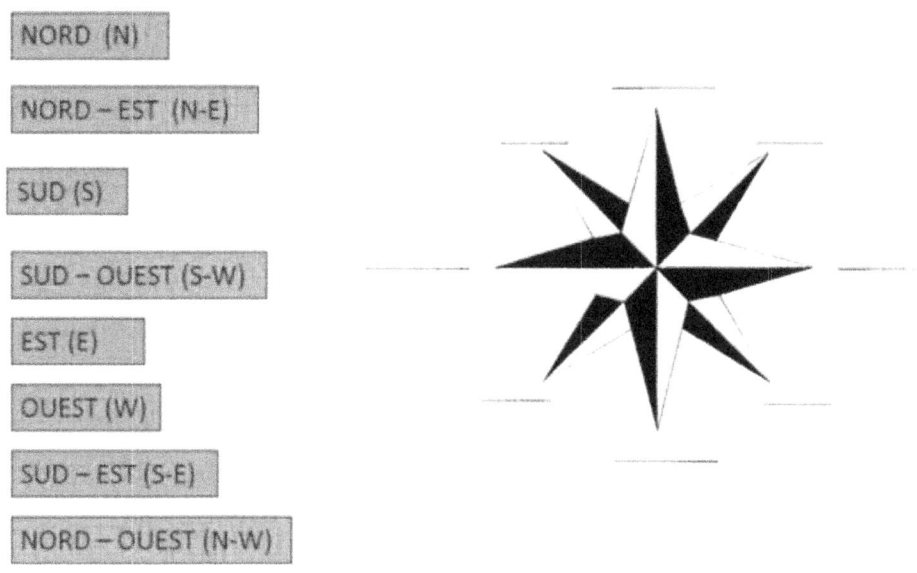

NORD (N)
NORD – EST (N-E)
SUD (S)
SUD – OUEST (S-W)
EST (E)
OUEST (W)
SUD – EST (S-E)
NORD – OUEST (N-W)

On indique toujours le nord ou le sud en premier

② **Trouvez le pays qui correspond à chaque ville.**

Liste des mots : Egypte, Kenya, Libye, Tunisie, Mexique, Chine, Espagne, Angleterre, France, Japon, Italie, Chili

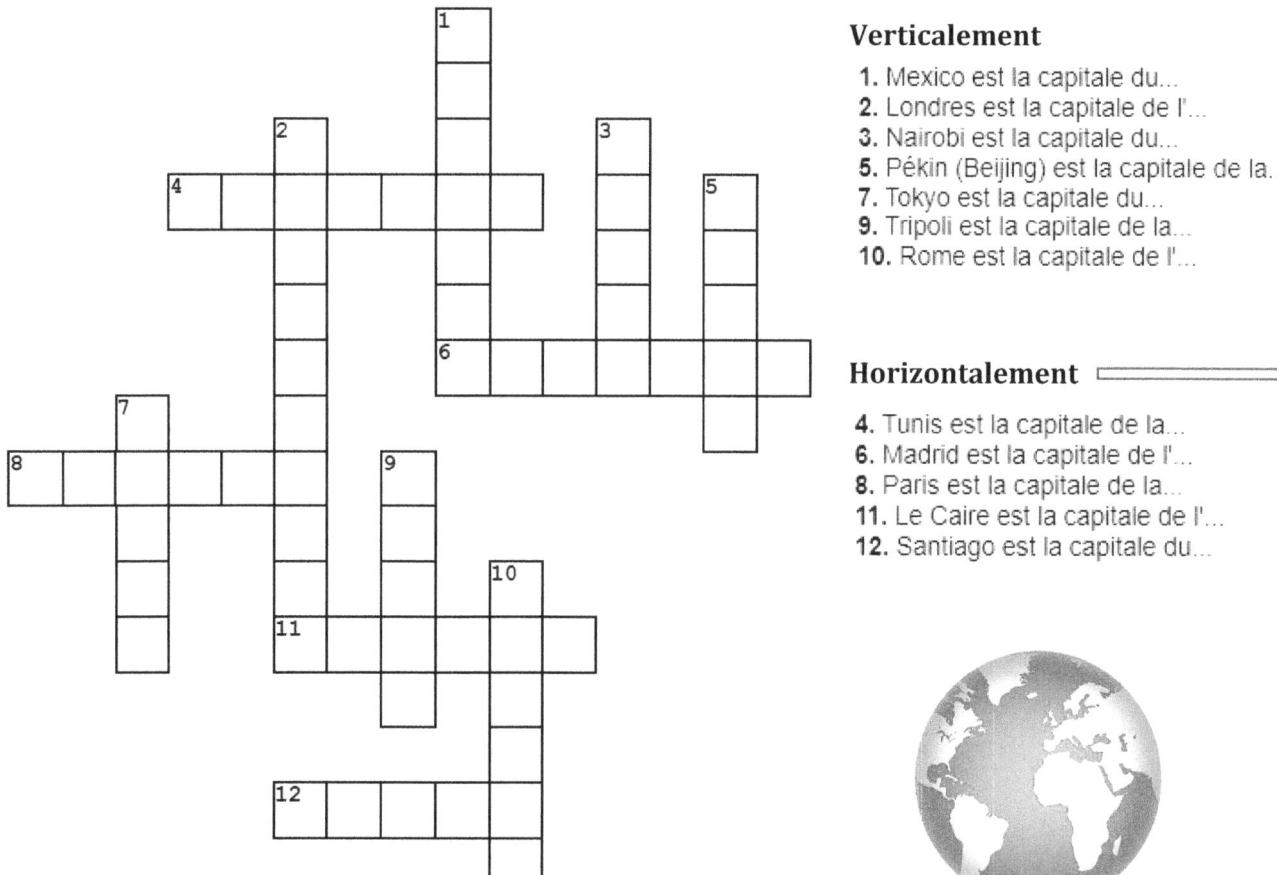

Verticalement

1. Mexico est la capitale du…
2. Londres est la capitale de l'…
3. Nairobi est la capitale du…
5. Pékin (Beijing) est la capitale de la…
7. Tokyo est la capitale du…
9. Tripoli est la capitale de la…
10. Rome est la capitale de l'…

Horizontalement

4. Tunis est la capitale de la…
6. Madrid est la capitale de l'…
8. Paris est la capitale de la…
11. Le Caire est la capitale de l'…
12. Santiago est la capitale du…

③ **Lisez le bulletin météo et dites si les affirmations sont vraies ou fausses**

Bulletin météo international

Afrique	Amérique	Asie	Europe
Le Caire Max. 22° C Min. 11° C	Los Angeles Max. 20° C Min. 12° C	Beijing (Pékin) Max. 5° C Min. -6° C	Francfort Max. 11° C Min. 4° C
Le Cap Max. 25° C Min. 17° C	Mexico Max. 22° C Min. 11° C	Hong Kong Max. 10° C Min. 2° C	Londres Max. 15° C Min. 9° C
Nairobi Max. 24° C Min. 14° C	New York Max. 17° C Min. 5° C	Séoul Max. 6° C Min. -4° C	Madrid Max. 18° C Min. 10° C
Tripoli Max. 21° C Min. 12° C	Santiago Max. 20° C Min. 10° C	Taipei Max. 10° C Min. -1° C	Paris Max. 16° C Min. 7° C
Tunis Max. 20° C Min. 11° C	Toronto Max. 16° C Min. 8° C	Tokyo Max. 8° C Min. 1° C	Rome Max. 19° C Min. 9° C

« Max. » signifie « Maximales » : ce sont les températures les plus élevées.
« Min. » signifie « Minimales » : ce sont les températures les plus basses.

1. Le temps est un peu nuageux au Caire, avec des températures maximales de 22 °C ☐ Vrai ☐ Faux	**2. Au Cap, le temps sera magnifique, avec des températures allant jusqu'à 25° C** ☐ Vrai ☐ Faux
3. Le temps sera orageux à Toronto, avec une température maximale de 16 °C ☐ Vrai ☐ Faux	**4. Les températures les plus froides parmi les villes d'Afrique se trouvent à Tunis** ☐ Vrai ☐ Faux
5. Il fera beau à Madrid, avec une température de 10° C le matin et 19° C l'après-midi ☐ Vrai ☐ Faux	**6. Il neigera à Séoul, avec des températures en-dessous de 10° C** ☐ Vrai ☐ Faux
7. A Paris, le temps sera très nuageux, avec des températures dépassant les 20 °C ☐ Vrai ☐ Faux	**8. Les températures à Tokyo seront légèrement supérieures à 10° C** ☐ Vrai ☐ Faux
9. Les températures les plus froides en Asie sont à Pékin. ☐ Vrai ☐ Faux	**10. Le temps sera pluvieux à New York et à Hong Kong, mais pas à Londres** ☐ Vrai ☐ Faux

EXPRESSION ECRITE : « *BULLETIN METEO* »

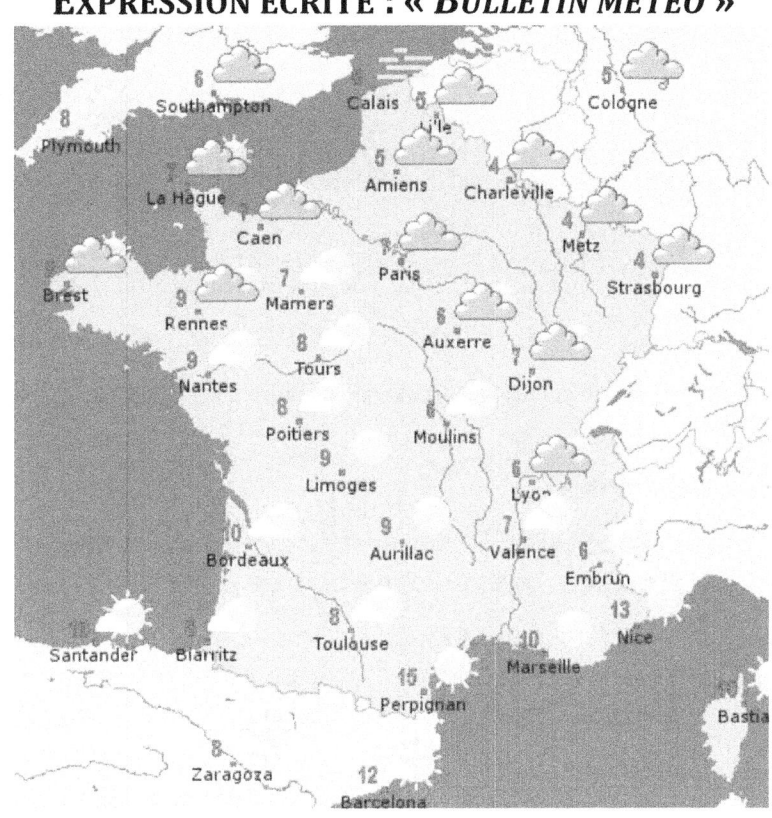

Au nord de la France,

89

COMPREHENSION ECRITE : « *LES VACANCES* »

Préparation à l'exercice : Lisez attentivement l'article

Voyages magazine
Quel type de voyageur êtes-vous ?
Par Alain Venture

Dans cette nouvelle édition, nous avons interrogé deux Français qui nous racontent leurs habitudes de voyage.

Véronique (Metz), 44 ans, 2 enfants.

J'aime bien voyager mais ça nécessite de dépenser pas mal d'argent. Du coup, on ne part pas souvent pendant l'année. Toutefois, l'été, on aime bien se prendre un mois complet.

Avec ma famille, nous aimons partir dans le sud. J'ai la chance d'avoir de la famille installée à côté de Nice, du coup je peux profiter de leur maison. Avec mes enfants, on va se promener à côté de la mer, à la campagne, on se baigne... J'adore la Méditerranée !

Parfois aussi, on va sur la Côte Atlantique. J'apprécie beaucoup la ville des Sables d'Olonne, pas très loin de Nantes : c'est un endroit agréable même s'il y a beaucoup de touristes pendant l'été.

On loge en général chez la famille ou dans des hôtels... on déteste le camping !

Le soir, on aime bien aller au restaurant ou faire des activités en famille, comme du bowling.

En général, on essaye de rester en France : ça fait marcher le commerce et on préserve l'environnement. En effet, si on prend l'avion, on pollue beaucoup plus que si on prend le train ou la voiture.

Vincent (Paris), 39 ans, 1 enfant.

J'adore me rendre dans le Sud de la France, avec ma femme et mon petit garçon.

On apprécie la Côte d'Azur, c'est magnifique ! Le soleil, les plages, les paysages...

Avant, on faisait du camping avec ma femme, mais avec notre enfant c'est devenu compliqué.

En général, on voyage en dehors des vacances scolaires, par exemple en juin ou en septembre. Non seulement on paye moins cher, mais en plus il y a moins de monde !

J'aime bien la Côte Atlantique, même si l'eau est plus froide qu'en Méditerranée. Mais il y a de superbes endroits à visiter.

Sinon, j'aime bien découvrir d'autres destinations hors de la France : j'adore les pays asiatiques, comme la Malaisie, la Thaïlande, le Cambodge ou le Laos, mais aussi d'autres endroits comme la Guadeloupe, Cuba, ou encore l'Amérique du Sud. Je suis un vrai globe-trotter !

Mais depuis que j'ai eu un bébé avec mon épouse, l'année dernière, je voyage moins. Eh oui ! Nos soirées en vacances sont donc plutôt calmes : notre garçon est encore petit, donc on ne sort pas beaucoup.

① **Indiquez les points communs et différences entre Véronique et Arthur.**

- **Points communs**

- **Différences**

② **Assemblez les lieux avec la carte qui correspond.**

Lyon •

Nantes •

La Côte d'Azur •

Marseille •

La Côte Atlantique •

Metz •

COMPREHENSION ECRITE : « TOURISME EN BRETAGNE ! »

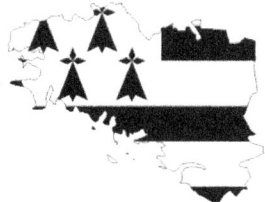

La **Bretagne** est une zone géographique située au nord-ouest de la France. C'est une région réputée assez pluvieuse, mais très jolie : on y trouve des paysages verts, de belles falaises, des lieux touristiques (forteresses, phares, menhirs…). C'est un lieu touristique apprécié, même si les températures y sont fraîches par rapport au reste de la France.

① **Lisez l'e-mail suivant :**

Réservation - Hôtel des Rochers

Hôtel des Rochers - Service de réservation <contact@hotel-des-rochers.com>
à Jacques Dupont

Monsieur,

Nous accusons réception de votre demande concernant la réservation d'une chambre pour trois personnes, du 3 au 16 août prochain.

Conformément à votre demande, la chambre dispose d'un lit deux places, d'un lit enfant, ainsi que d'une salle de bains avec baignoire.

Nous vous rappelons que vous devez vous présenter le jour de votre arrivée à l'accueil, à partir de 8h. Une carte magnétique vous sera fournie pour accéder au parking privé de l'hôtel.

Nous vous prions de bien vouloir procéder au paiement de l'acompte (30 % du montant), sur notre site internet (par carte bancaire avec paiement sécurisé) ou par virement bancaire. Vous devrez payer le solde à la fin de votre séjour.

Dans l'attente du plaisir de vous accueillir,

Bien cordialement,

*Nolwenn Guivarch,
Service de réservation – Hôtel des Rochers
Port de Ploumanac – 22700 Perros Guirec (France)*

---

② **Répondez aux questions suivantes :**

1. Ce document est :
☐ Une publicité
☐ Une annonce
☐ Un message de confirmation

2. M. Dupont a réservé une chambre pour :
☐ Deux adultes
☐ Deux adultes et un enfant
☐ Trois adultes

3. Le client a déjà payé la moitié de son séjour :
☐ Vrai
☐ Faux
☐ On ne sait pas

4. Le client peut arriver à n'importe quelle heure :
☐ Vrai
☐ Faux
☐ On ne sait pas

5. Il existe un parking public à côté de l'hôtel :
☐ Vrai
☐ Faux
☐ On ne sait pas

6. Si la réservation coûte 1000 € au total, quel est le montant de l'acompte que devra payer M. Dupont ?

_____ €

③ **Où se trouve la région Bretagne ? Indiquez l'endroit sur la carte**
(La France est découpée en 13 régions).

④ **Écriture : vous souhaitez finalement venir un jour plus tôt, le 2 août au lieu du 3 août. Ecrivez un e-mail à Nolwenn Guivarch pour savoir si cela est possible.**
(Vous pouvez aussi faire cet exercice à l'oral, si vous êtes en classe)

⑤ **Écriture.** Le séjour ne vous a pas plu, pour diverses raisons : il y avait trop de bruit, les chambres étaient sales, l'eau de la douche était tiède voire froide… Vous écrivez une lettre de réclamation pour réclamer un dédommagement ou une réduction pour un prochain séjour. La lettre sera structurée ainsi :

- **(1)** **Exposé des faits** : *Nous avons réservé une chambre du … au … / Nous avons séjourné dans votre hôtel pendant … jours / La chambre nous a déplu parce que… / Nous avons été déçus du séjour car…*
- **(2)** **Demande de compensation** : *Nous souhaitons avoir une compensation / Nous vous demandons donc un remboursement partiel ou intégral du voyage / Nous voudrions donc un remboursement ou une réduction sur un prochain séjour. / Nous voudrions un geste commercial de votre part.*
- **(3)** **Formule de politesse** : *Nous vous remercions par avance / Merci de votre compréhension / Cordialement.*

⑥ **Écriture. Le séjour vous a beaucoup plu ! Rédigez un avis sur Google en partageant votre opinion.**

C'était excellent / C'était une très bonne expérience / C'était super / Nous avons adoré / C'était génial / Ça nous a beaucoup plu / Ça nous a énormément plu.

Les chambres étaient propres / L'endroit était magnifique / Il n'y avait pas trop de bruit / Le personnel était adorable / Les chambres étaient spacieuses / Les lits étaient confortables / L'emplacement était parfait / Le lieu était calme / Les gens étaient accueillants / L'hôtel est bien équipé / Il y avait un parking privé, une piscine et un sauna, un court de tennis / ...

Comment s'est passé votre séjour ?   EFFACER

Quand y avez-vous séjourné ?   Août ▼   2019 ▼

Le saviez-vous ?
*L'**épagneul breton** est un chien qui, comme son nom l'indique, vient de Bretagne*

CONJUGAISON : « *DISCUSSION AU PASSE COMPOSE* »

① **Leçon autour du passé composé.**

On construit le passé composé avec un **SUJET**, un **AUXILIAIRE** et un **PARTICIPE PASSE**.

Exemple :

Sujet	Auxiliaire	Participe passé
Je	suis	parti
J'	ai	mangé
L'enfant	a	joué

Voici quelques exemples de verbes au passé composé :

Passé composé avec l'auxiliaire *avoir*	Passé composé avec l'auxiliaire *être*
*Avec le verbe **être**, **on n'accorde pas** le participe passé avec le sujet. On rajoute donc un « **s** » au pluriel.* - *J'ai mangé* ⇨ *Nous avons mangé (pluriel)* *Il existe une **exception**, dans le cas où le complément d'objet direct est avant le sujet.* - *J'ai mangé **une tarte** (« tarte » est le complément d'objet direct).* ⇨ *C'est **une tarte** que j'ai mangé**e***	*Avec le verbe **être**, **on accorde** le participe passé avec le sujet. On rajoute donc un « **s** » au pluriel.* - *Je suis allé (singulier)* ⇨ *Nous sommes allé**s** (pluriel)*
Comprendre ⇨ J'ai compris, tu as compris, il a compris, nous avons compris, vous avez compris, ils ont compris. *Sur le même modèle :* - *J'ai pris...* - *J'ai appris* **Dire** ⇨ J'ai dit, tu as dit, il a dit, nous avons dit, vous avez dit, ils ont dit. *Sur le même modèle :* - *J'ai écrit* - *J'ai conduit* **Attendre** ⇨ J'ai attendu, tu as attendu... *Sur le même modèle :* - *J'ai entendu* - *J'ai répondu*	**Aller** ⇨ Je **suis** allé, tu es allé, il est allé, nous sommes allé**s**, vous êtes allés, ils sont allé**s** **Partir** ⇨ Je suis parti, tu es parti...

② **Mettez ces phrases au passé composé, en vous aidant des verbes ci-dessus.**

1- Qu'est-ce que tu dis ? Je ne comprends pas.

2- Tu fais quoi aujourd'hui ?

3- J'écris un message à mes parents.

4- Je prends le train de 18 heures.

5- Nous allons au parc et nous discutons.

6- J'apprends le français avec un prof de FLE.

7- J'attends une heure et je pars.

8- Il répond en français.

9- Ils attendent une réponse.

10- – Ils partent où ? – Ils vont en Allemagne

11- Ils viennent à quelle heure ? Ils repartent quand ?

12. Nous partons en vacances dans le sud.

EXPRESSION ECRITE : « *MES VACANCES* »

Écriture : Racontez l'un de vos voyages.

Mon voyage était en……………….. / J'étais à ……………………….. / en ………………………………..
On est allés…………………………………….. / Nous avons……………………………………..

THEME : « PASSÉ ET PRÉSENT »
COMPREHENSION ECRITE : « LA VIE D'AVANT... »

Objectifs :
- *Comprendre un texte simple*
- *Maîtriser l'imparfait*
- *S'exprimer au passé*

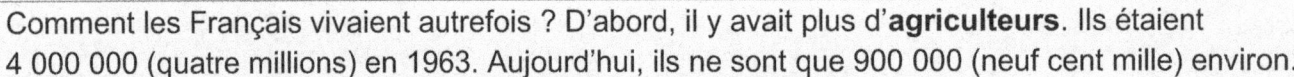

① **Lisez ce texte**

> Comment les Français vivaient autrefois ? D'abord, il y avait plus d'**agriculteurs**. Ils étaient 4 000 000 (quatre millions) en 1963. Aujourd'hui, ils ne sont que 900 000 (neuf cent mille) environ.
>
> La vie d'avant était **plus difficile** : le lave-linge et le lave-vaisselle n'existaient pas. Les tâches ménagères étaient donc plus longues et fatigantes !
>
> Peu de gens avaient une **voiture**. C'était donc moins pratique pour se déplacer.
>
> Mais il y avait des avantages : la vie était **plus saine**. Il y avait généralement **moins de pollution** et les fruits et légumes étaient naturels car il n'y avait pas de produits chimiques.
>
> Les gens étaient en **meilleure forme** : ils faisaient plus d'activité physique car beaucoup travaillaient en plein air ! Aujourd'hui, les gens bougent moins et cela entraîne des problèmes de santé.
>
> Eh oui ! Chaque période a ses avantages et ses inconvénients !

② **Répondez aux questions**

1) Est-ce que la vie d'autrefois était **plus facile** ?

2) Combien y'a-t-il d'**agriculteurs** aujourd'hui ?

3) Est-ce que la vie était **plus saine avant** ?

4) Est-ce que beaucoup de gens avaient une **voiture** ?

5) Quelles sont les machines qui nous aident dans nos tâches quotidiennes ?

③ **C'est à vous ! Pensez à votre enfance et répondez aux questions.**

1) Où habitiez-vous, quand vous étiez petit(e) ?

2) Est-ce que vous aviez une nourrice[1] ?

3) Est-ce que vous aidiez vos parents ? Si oui, comment ?

4) Quels étaient vos jeux et vos loisirs ?

---
[1] On dit aussi : une « *nounou* ».

COMPREHENSION ECRITE : « *HACHIKO, LE CHIEN LE PLUS CELEBRE DU JAPON* »

① **Lisez le texte suivant.**

Devant l'énorme station ferroviaire de Shibuya, à **Tokyo**, se dresse la **statue en bronze d'un chien**. Même si la statue est petite par rapport aux énormes enseignes en néon, elle n'est pas difficile à trouver. Depuis 1934, cette statue est un **point de rencontre** : les gens se donnent rendez-vous à côté de celle-ci.

Cette statue représente **Hachiko** (ハチ公), un chien de race Akita. L'animal est né en 1923 et a été amené à Tokyo l'année suivante. Il fut adopté par **Hidesaburo Ueno**, professeur à l'université impériale de Tokyo. Les deux devinrent vite inséparables : chaque jour, Hachiko accompagnait son maître à la station de Shibuya, lorsqu'il partait au travail. Lorsqu'il revenait du travail, l'homme trouvait son chien qui l'attendait avec impatience, à la sortie de la gare.

Hélas, le professeur Hidesaburo Ueno décéda brutalement en 1925 à l'université d'une hémorragie cérébrale, avant d'avoir pu rentrer chez lui.

Bien qu'Hachiko n'était encore qu'un jeune chien, il tenait beaucoup à son maître. Chaque soir, il se rendait à la station et attendait qu'il revienne. Les gens étaient très surpris par ce comportement. Pendant neuf ans, Hachiko se rendit à la gare pour attendre son défunt maître.

Hachiko est vite devenu célèbre : les gens venaient le caresser et lui donner à manger. En 1934, on construisit une statue en son honneur. L'année d'après, Hachiko décéda à son tour.

Aujourd'hui encore, ce chien reste un symbole d'**amitié**, de **fidélité** et de **loyauté**. Deux films lui ont été consacrés. En février 2015, une **nouvelle statue** a été érigée, à l'Université de Tokyo : elle représente le chien retrouvant enfin son maître

② **Questions sur le texte.**

1) D'après le texte, la statue d'Hachiko est petite comparé aux…

☐ Chiens grandeur nature　　☐ Immeubles et gratte-ciels　　☐ Enseignes en néon

2) Les gens se rassemblent à la statue d'Hachiko parce que…

☐ Ils aiment voir des statues en bronze　　☐ C'est un lieu de rencontre　　☐ Ils peuvent voir un chien

3) Où travaillait le professeur ?

☐ À l'école primaire　　☐ Au collège　　☐ Au lycée　　☐ À l'université

4) Qu'est-il arrivé au professeur ?

5) En quelle année Hachiko est-il décédé ?

6) Qu'est-ce qu'on a construit en l'honneur du chien ?

③ **Rédaction.**

1) Que pensez-vous de cette histoire ?

2) Avez-vous un animal de compagnie ? Comment s'appelle-t-il ? Quel est son caractère ?

3) Est-ce que vous voudriez avoir un chien ? Pourquoi ?

THEME : « AU TRAVAIL ! »
COMPREHENSION ECRITE : « TRAVAIL ET METIERS »

Lisez le texte et complétez les espaces vides avec les mots de gauche. Nous allons ici nous intéresser à différents métiers.

Liste des mots

B bibliothécaire
C caissière
    contrat de travail
    démissionner
E entretien d'embauche
    expérience
G guitariste
L libraire
    licencié
P photographe
R recruter
S salaire
    secrétaire
    serveur

1. Je travaille dans un magasin. Lorsque des clients achètent quelque chose, j'encaisse et je leur rends de l'argent. Je suis _____.

2. Je cherche un travail avec un _____ élevé. J'aimerais gagner beaucoup d'argent.

3. Je viens d'être embauché. Je suis allé voir mon patron pour signer mon _____.

4. Elle n'aime pas son travail. Elle songe à _____.

5. Je joue de la guitare. Je suis _____.

6. L'entreprise où je bosse cherche à _____ de nouveaux salariés.

7. Je rédige des courriers et je réponds au téléphone pour mon patron. Je suis _____.

8. La semaine dernière, j'ai eu un _____. On m'a posé beaucoup de questions et j'ai finalement décroché le poste !

9. Je travaille dans un restaurant : je prends les commandes et j'apporte les plats. Je suis _____.

10. Je voudrais trouver un travail mais je n'ai pas d'_____ ! Je n'ai encore jamais eu d'emploi.

11. Mon frère vient de perdre son travail : son patron l'a _____ !

12. J'adore mon travail ! Je prends des clichés avec mon appareil photo. Je suis _____.

13. Je travaille dans une bibliothèque. Je suis _____ !

14. Je vends des livres dans ma boutique. Je suis _____.

COMPREHENSION ECRITE : « *C'EST QUOI SON METIER ?* »

① **Qui travaille où ? Trouvez le métier correspondant à chaque lieu.**

> **Liste des professions**[1] : un acteur, une actrice, un caissier, une caissière, un cuisinier, une cuisinière, un docteur, une docteure, un étudiant, une étudiante, un infirmier, une infirmière, un ingénieur, une ingénieure, un musicien, une musicienne, un ouvrier, une ouvrière, un professeur, une professeure, une sage-femme, un serveur, une serveuse, un vendeur, une vendeuse.

Un hôpital	Une université	Un restaurant

Une usine	Un magasin	Un théâtre

---
[1] « *Profession* » est un synonyme de « *métier* ».

EXPRESSION ECRITE : « RECHERCHE D'EMPLOI »

① **Répondre à une annonce du site Pôle Emploi**

Préparateur de commandes H/F (smartphones) H/F

93 - NOISY LE GRAND - ⊙ Localiser avec Mappy

Actualisé le 23 juillet 2019 - offre n° 090YRPZ

Vous êtes particulièrement attiré(e) par le digital et vous souhaitez travailler dans ce secteur.
Après une formation de 400 heures, vous serez chargé(e) de la préparation de commandes et de la configuration de smartphones et de tablettes. Vous gérez les stocks et le réassort. Vous effectuez le colisage ainsi que le suivi des envois. Vous traitez et gérez les mails ainsi que les réclamations.
Vous maitrisez Excel. Vous avez idéalement une connaissance dans la configuration des portables.
Transmettez votre CV par mail : ape.93182@pole-emploi.fr

Contrat à durée déterminée - 6 Mois
Act. Formation pré.recrut.

35H Horaires normaux

Salaire : Mensuel de 1700,00 Euros sur 12 mois
Chèque repas

Instructions : Vous voulez postuler à ce poste (= vous vous proposez pour ce poste).
Ecrivez une **lettre de motivation** : vous devez vous présenter et parler de votre parcours (1), et pourquoi vous avez les qualités pour ce poste (2). Enfin, vous écrirez une formule de politesse (3).
Exemples *(incomplets) de lettres de motivation :*

Nom Prénom
Adresse
Code postal / Ville
N° de téléphone
Courriel (= e-mail)

                              Nom Prénom / Société
                              Adresse
                              Code postal / Ville

                              (Ville), à (date)

Objet : Candidature au poste de (emploi)

(Madame, Monsieur),
Etant actuellement à la recherche d'un emploi, je me permets de vous proposer ma candidature au poste de (emploi).
En effet, je suis vivement intéressé(e) par votre annonce qui correspond à mon profil.
Travailleur(euse), rigoureux(euse), motivé et disponible, je saurai mener à bien les différentes missions que vous me confierez.
Sociable et à l'écoute, je sais m'adapter à mon environnement et pourrais ainsi m'intégrer sans le moindre problème à votre équipe.
Je reste à votre disposition pour toute information complémentaire, ou pour vous rencontrer lors d'un entretien.
Veuillez agréer, (Madame, Monsieur), l'expression de mes sincères salutations.
Signature

Madame, Monsieur,
Après une expérience dans le domaine de ...., je recherche un poste en tant que .... je me permets donc de vous adresser ma candidature au poste de ....
Ma formation et mes expériences professionnelles m'ont permis de ....
Je me tiens à votre entière disposition pour tous renseignements complémentaires.
Je vous prie d'agréer, Madame, Monsieur, l'expression de mes respectueuses salutations.

Votre
adresse

Adresse de
l'entreprise

Date à fixer

Objet :

Corps
du texte

Nom et
signature

THEME : « LES LOISIRS »

EXPRESSION ECRITE : « MES LOISIRS »

Quels sont vos loisirs ? Est-ce la télévision ? Les jeux vidéo ? Le sport ?
Décrivez vos loisirs favoris en donnant des détails.

EXPRESSION ECRITE : « ON VA FAIRE DU BRUIT... »

Écriture : Écrire un petit mot pour vos voisins

Vous allez faire une petite soirée chez vous samedi soir, et il y aura sans doute du bruit jusque tard dans la nuit.

*Vous écrivez donc un **petit mot pour prévenir vos voisins**, et vous excuser pour la gêne que cela pourra occasionner.*

Theme : « L'informatique et internet »

Comprehension ecrite : « Vocabulaire autour de l'informatique »

Lisez le texte et complétez les espaces vides avec les mots de gauche. Nous allons ici parler de l'informatique et du vocabulaire qui y est lié.

Liste des mots

A adresse e-mail
   applications
B blog
C clavier
E e-mails
   ebooks
F fibre (optique)
I identifier
   Internet
L lien (hypertexte)
   logiciel (ou programme)
O ordinateur portable
P pièce jointe
S supprimer
T télécharger
Y YouTube

1. Je peux t'envoyer un courrier électronique si tu me donnes ton _____.

2. Si tu cliques sur ce _____, ça t'enverra sur une autre page web.

3. Je t'ai envoyé un message ce matin. Tu as regardé tes _____ ?

4. Tu passes combien de temps sur _____ par jour ?

5. Je ramène mon _____ au travail.

6. Fais attention quand tu ouvres une _____ d'un e-mail. Certaines peuvent contenir un virus !

7. Je fais souvent des vidéos que je poste sur ma chaîne _____.

8. Tu peux _____ n'importe quel document ou e-mail dont tu n'as plus besoin.

9. Ah purée ! Je viens de renverser du café sur mon _____ ! Le boss ne va pas être content…

10. Je ne lis quasiment plus de livres papier. Je préfère lire des _____ sur ma liseuse.

11. Tu peux t'_____ sur ce site en entrant ton adresse e-mail et ton mot de passe.

12. Je t'ai donné un lien pour _____ le document, comme ça tu pourras l'avoir sur ton ordinateur et le modifier.

13. Il existe plein d'_____ que tu peux utiliser sur ton téléphone portable, et qui te permettent de faire plein de choses !

14. La _____ permet d'avoir une connexion internet ultra-rapide !

15. Le _____ Word est très utilisé pour écrire des textes.

16. J'adore voyager ! Du coup, j'ai créé un _____ où je poste des articles et des photos pour partager mes expériences.

EXPRESSION ECRITE : « *ORDINATEUR CASSE ET LETTRE DE RECLAMATION* »

Exercice : Écriture d'une lettre.

① **Lisez le courriel suivant.**

Des nouvelles

victoria.dupont@gmail.com

Des nouvelles

Salut Vic ! Comment tu vas ?

Moi ça peut aller, même si j'suis un peu vénère aujourd'hui. En fait, j'ai acheté un ordi il y a un mois. Il marchait nickel jusqu'à hier soir. Quand je l'ai allumé, il a fait un bruit chelou et s'est éteint. J'ai essayé de le rallumer plusieurs fois, mais rien ! Du coup, j'ai envoyé un texto à ma daronne pour lui demander quoi faire. Elle m'a dit d'écrire à la Fnac pour qu'ils me rendent ma thune. Il faut que je me grouille parce qu'il y a une garantie, si je m'y prends trop tard ils ne me rembourseront pas et je serais deg ! Vu que tu maîtrises bien le français, est-ce que tu pourras jeter un coup d'œil à ma lettre stp ? Désolé de te saouler avec ça mais bon, j'ai vraiment besoin de ton aide !

Sinon comment ça se passe de ton côté ? Quoi de neuf ?

Donne moi de tes news !

À plus ! Take care.

Alexandre

---

② **Trouvez les synonymes correspondants, à partir des mots de la liste.**

Liste des mots : argent, bizarre, dégoûté, se dépêcher, embêter, énervé, mère, nouvelles, prends soin de toi, regarder rapidement, SMS, très bien

vénère :	deg :
nickel :	jeter un coup d'œil :
chelou :	saouler quelqu'un :
la daronne :	news :
la thune :	take care :
se grouiller :	le texto :

③ **À partir des informations du courriel, écrivez une lettre de réclamation au magasin (*vous demandez un remplacement ou un remboursement de l'ordinateur*). Vous utiliserez votre adresse et l'adresse du magasin (Fnac, 136 rue de Rennes, 75006 PARIS[1])**

Exemple de modèle à suivre :

Prénom Nom (vous)
Adresse
Code Postal
Ville
Numéro de téléphone

Prénom Nom / Société (destinataire)
Adresse
Code Postal
Ville

Le (date)

OBJET : Demande de prise en charge d'un ordinateur défectueux sous garantie

Courrier envoyé en recommandé avec avis de réception.

Madame, Monsieur,

Suite à ma commande référence XXXX datée du XX/XX/XX, l'appareil acheté est tombé en panne ce jour.

Voici le détail de la panne rencontrée : XXX

Je précise que ce matériel n'est jamais tombé et n'a jamais subi le moindre dommage.

Merci de m'indiquer au plus vite la procédure de retour et d'échange (ou de remboursement le cas échéant) auprès de votre service.

Restant dans l'attente de votre réponse rapide,

Cordialement,

Prénom Nom
Signature

P.J. : *(liste des pièces jointes : facture...)*

---

[1] Les deux derniers chiffres du code postal indiquent généralement l'**arrondissement**. 75006 correspond donc au 6ème arrondissement de Paris. On écrit de préférence la ville en majuscules.

④ **Pour avoir une preuve que la lettre a bien été reçue par le magasin, vous envoyez une lettre recommandée avec AR (accusé de réception / avis de réception). Remplissez le bordereau.**

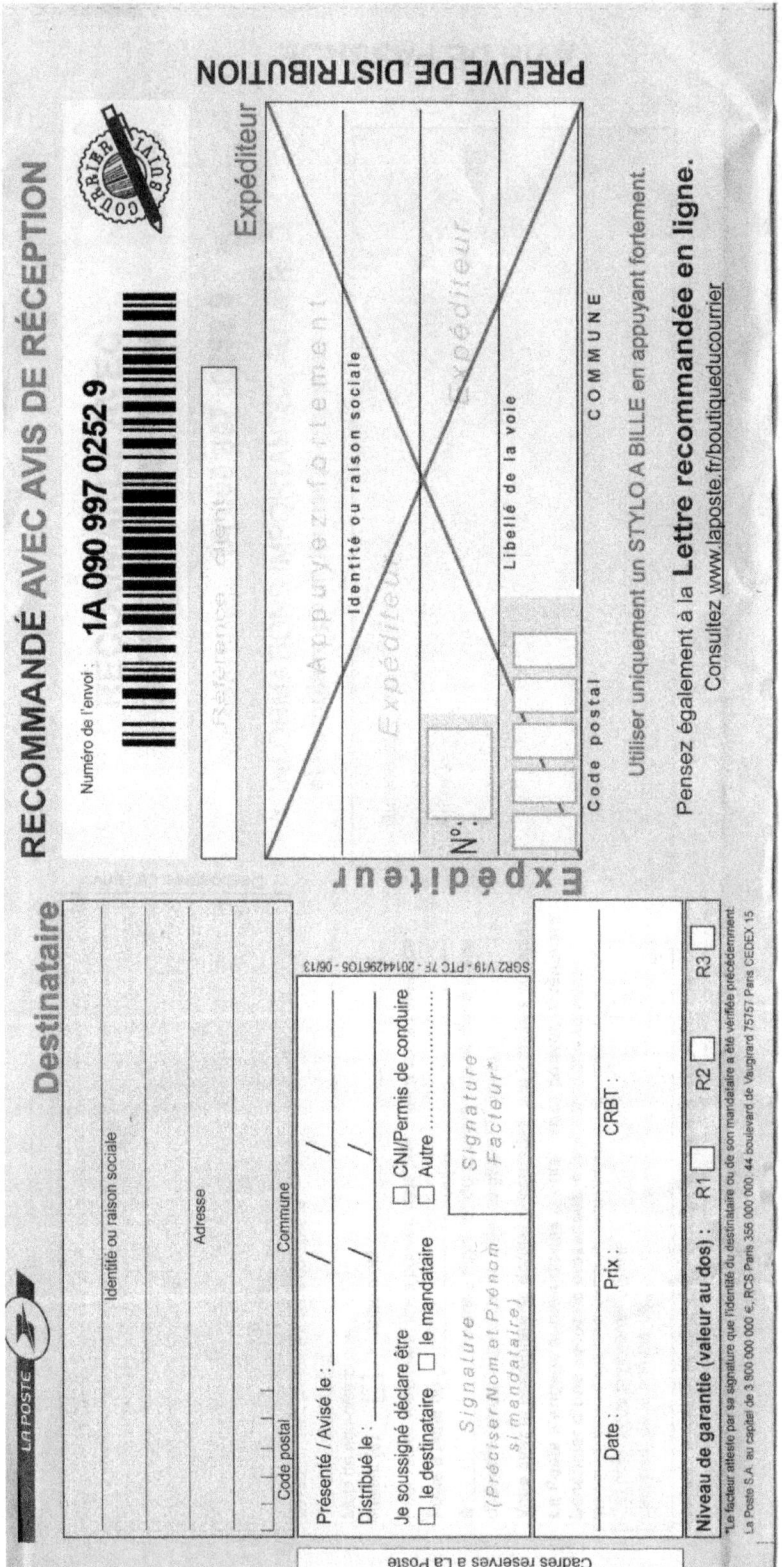

Si vous souhaitez envoyer une lettre en recommandé, vous devez donc remplir ce bordereau, puis donner votre lettre avec le bordereau à un employé de la poste (après avoir payé pour l'affranchissement sur une machine). L'employé de la poste collera le bordereau derrière la lettre.
*Vous recevrez à votre domicile, après quelque jours, l'**accusé de réception** (un papier gris).*
*Lettre recommandée (suivie) **sans** accusé de réception, moins de 20 g : 4,18 €.*
*Lettre recommandée (suivie) **avec** accusé de réception, moins de 20 g : 6,05 €.*

EXPRESSION ECRITE : « *LE PROGRES TECHNOLOGIQUE* »

① **Observez ces images et dites ce que vous pensez de ces progrès technologiques.**

- La **voiture électrique**

- Le **smartphone**

- La **prothèse**

- Les **jeux vidéo**

Question : Que pensez-vous des avancées technologiques ? Est-ce qu'il n'y a que du positif ?

Theme : « *Faits divers* »

Comprehension ecrite : « *Accident de la route* »

① **Lisez le texte suivant**

> Un homme se promène dans la rue. Soudain, il voit une personne à terre. C'est un jeune qui a été renversé. Il crie et sa jambe saigne : elle est sans doute cassée.
>
> Il s'avance vers lui et lui demande : « *Ça va ? Qu'est-ce qu'il t'est arrivé ?* »
>
> Le jeune lui répond : « *Je traversais le passage piétons et un gars en scooter m'a renversé ! Il a pris la fuite.* »
>
> Il sort son téléphone et compose le 18 : c'est le numéro des pompiers. Il interpelle des passants en disant : « *Appelez la police !* ». Une dame sort son téléphone et compose le 17.
>
> Quelques minutes plus tard, les pompiers et les forces de l'ordre sont déjà sur place. Les pompiers mettent le jeune homme sur un brancard. Il s'est évanoui mais ses jours ne sont pas en danger. Il est emmené à l'hôpital.
>
> Les policiers ouvrent une enquête pour savoir qui a causé cet accident. Au bout de quelques jours, on retrouve le coupable : il est mis en garde à vue puis emprisonné. Il sera condamné à 18 mois de prison dont 6 mois avec sursis et 20 000 € d'amende pour blessures involontaires et délit de fuite. La victime s'en sortira heureusement sans invalidité permanente.

② **Trouvez l'explication qui correspond à chaque phrase.**

1) « *Il interpelle des passants.* »

    ☐ Il s'adresse à des gens dans la rue.   ☐ Il papote avec des personnes qui passent.

2) « *Ses jours ne sont pas en danger.* »

    ☐ Il risque de mourir.   ☐ Il ne risque pas de mourir.

3) « *Il a eu un accident mais s'en est sorti avec des blessures légères.* »

    ☐ Il a subi un accident mais n'a pas été gravement atteint.

    ☐ Il a vécu un accident et ses blessures étaient assez graves.

4) « *Il a été mis en garde à vue.* »

    ☐ Il a été gardé au commissariat pendant plusieurs heures.

    ☐ Il a été gardé chez lui par des policiers.

    ☐ Il a été enfermé dans une cellule en prison.

5) « *Il a été condamné à 2 ans de prison, dont un an avec sursis.* »

    ☐ Il a été condamné à 1 an de prison ferme.

    ☐ Il a été condamné à 2 ans de prison ferme.

    ☐ Il a été condamné à 3 ans de prison ferme.

③ **Répondez aux questions suivantes en faisant des phrases complètes.**

1) Qui sont les personnages présents dans le texte ?

2) Que s'est-il passé ?

3) D'où le jeune homme saigne-t-il ?

4) Que décide de faire l'homme ?

5) Où est-ce que les pompiers amènent le jeune garçon ?

6) Les policiers ont-ils retrouvé le coupable ? A-t-il été condamné ?

7) Est-ce que la jeune victime de l'accident sera invalide pour le restant de ses jours ?

COMPREHENSION ECRITE : « ÂGE DE HUIT ANS, IL PREND LE VOLANT POUR ALLER AU McDo »

① **Lisez ce fait divers réel.**

Affamé, un garçon de 8 ans se rend au fast-food en voiture !

L'agent de police Jacob Koehler se souviendra longtemps de ce 9 avril 2017 ! Il est huit heures du soir ce jour-là et un garçon de 8 ans, habitant dans l'Ohio (Etats-Unis), est pris d'une forte envie d'un hamburger. Ses parents sont absents. Cela ne l'arrête pas : il décide alors de se rendre au McDonald's du coin pour satisfaire sa faim.

Problème : n'étant âgé que de 8 ans, il ne savait évidemment pas comment conduire une voiture ! Mais quand on veut, on peut !

Des vidéos sur YouTube

Après avoir visionné quelques vidéos sur YouTube, consacrées à la conduite de voitures, il monte dans la voiture de son père avec sa petite sœur de 4 ans, et démarre le véhicule. Là, il roule sur 2 kilomètres environ et passe par quatre intersections ! Par miracle, il ne cause aucun accident et arrive sans encombre sur le parking du fast-food.

Hélas pour le garçon, les employés du McDonald's voient alors qu'un enfant est au volant, et qu'aucun adulte n'est présent ! Ils appellent la police et l'agent intervient pour interpeller les enfants. Il leur demande : « *Mais qu'est-ce que vous faites ?* » et le garçon répond : « *Je voulais vraiment un hamburger et ma sœur aussi.* »

Un ami de la famille, témoin de la scène, appelle alors les grands-parents pour qu'ils récupèrent leurs petits-enfants. Pendant ce temps, on a servi un repas au petit débrouillard et à sa sœur.

Koehler dit aux journalistes, plein d'admiration : « *Je pense que cette histoire est intéressante, d'un point de vue pédagogique : avec la technologie, les enfants vont pouvoir développer des compétences et apprendre beaucoup de choses par eux-mêmes.* »

Source : USA Today, Mary Bowerman, 13 avril 2017

② **Compréhension. Retrouvez les définitions correspondantes.**

1) « *Il est pris d'une forte envie.* »

☐ Il désire beaucoup quelque chose.   ☐ Il a modérément envie de faire quelque chose.

☐ Il voudrait accomplir quelque chose mais n'y arrive pas.

2) « *Il n'a pas pu satisfaire sa faim.* »

☐ Il n'a plus faim.   ☐ Il est rassasié   ☐ Il a faim

3) « *Il a seulement 8 ans ! Évidemment qu'il n'a pas le permis de conduire !* »

☐ Ça va de soi qu'il n'a pas le permis !

☐ C'est difficile à croire mais il n'a pas le permis !

☐ Je pense qu'il n'a pas le permis mais je ne suis pas totalement sûr(e) !

4) « *Quand on veut, on peut !* »

☐ Si tu veux vraiment quelque chose, il faut demander aux autres.

☐ Si tu as un fort désir pour quelque chose, tu peux l'avoir si tu fais les efforts nécessaires.

☐ Quand on veut quelque chose de tout son cœur, on peut l'avoir si on se repose pour être en forme.

5) « *Ce garçon est vraiment débrouillard !* »

☐ Il n'est pas souvent aidé et se débrouille souvent tout seul.

☐ Il est ingénieux et trouve des solutions aux problèmes.

☐ Il n'aide pas énormément les gens et les laisse trouver des solutions eux-mêmes.

③ **Avez-vous bien compris ? Répondez aux affirmations suivantes en écrivant « *vrai* » ou « *faux* » ou « *on ne sait pas* ».**

1) _____ Cette histoire s'est passée un 9 avril au matin.

2) _____ Le garçon a ressenti une faim soudaine.

3) _____ Il a utilisé Internet pour apprendre par lui-même comment conduire un véhicule.

4) _____ Le garçon s'est rendu au McDonald's tout seul.

5) _____ Il a dit au policier qu'il souhaitait avoir un hamburger.

6) _____ Ce qu'a fait le garçon est illégal, mais on lui a quand même servi ce qu'il voulait.

7) _____ Le garçon et sa sœur ont été punis par leurs parents.

④ **Discussion. Répondez aux questions suivantes.**

1) Si vous aviez été le parent de ce garçon, comment auriez-vous réagi ? L'auriez-vous puni ?

2) Est-ce que vous avez déjà fait une grosse bêtise lorsque vous étiez enfant ? Si oui, quoi ?

THEME : « *CORRIGEONS NOS ERREURS !* »

LEÇON : « *QUELQUES ERREURS A NE PAS FAIRE* »

Les non-francophones font parfois quelques erreurs dans l'écriture. En voici des exemples :

- **1ère erreur** : Ne pas laisser d'espace entre le dernier mot et les marques de ponctuation suivantes : « **!** », « **?** », « **;** » ou « **:** ». Ceci est un **mauvais réflexe**. En français, on laisse un espace, contrairement à l'anglais, l'allemand, l'espagnol…
    - *Exemple* : on écrit « *j'ai faim !* » et non pas « *j'ai faim!* »
    - *Autres exemples* : « *Tu viens à la maison ce soir ?* » « *Je suis fatigué ; je crois que je ne viendrai pas au cinéma ce soir* ». « *Voilà Rex : c'est mon chien* ».

- **2ème erreur** : Beaucoup de gens (et même des Français) mettent des majuscules un peu partout, alors qu'il n'est pas nécessaire d'en mettre.
    - On ne met pas de majuscule aux **jours de la semaine** : le lundi, le mardi, le mercredi, etc.
    - On ne met pas de majuscule aux **mois de l'année** : janvier, février, mars…
    - On ne met pas de majuscule aux **adjectifs de nationalité**.
        - Par exemple, on écrit : « *un plat français* », « *un ami anglais* », « *le rêve américain* ».
        - Par contre, si on utilise le nom pour parler de quelqu'un, on mettre une majuscule : « *C'est une Allemande* », « *Voilà un gentil Français* »…

- **3ème erreur** : on écrit « **etc.** » pour dire « *et cetera* » (ce qui veut dire : « *et d'autres choses* » en latin). « etc… » avec trois points de suspension est incorrect, et « ect. » est encore plus incorrect.

- **4ème erreur** : « ^ » est un **accent circonflexe**. Ce n'est pas un « chapeau » !

- **5ème erreur** : elle concerne la météo. Lorsque les températures sont élevées, on ne dit pas « *c'est chaud* » mais « *il fait chaud* ». Lorsqu'on dit « *c'est chaud* » cela veut dire au sens propre que quelque chose est chaud (exemple : « *Attention au café ! C'est chaud !* ») et au sens figuré cela veut dire « *c'est grave* », « *c'est incroyable* », et a une connotation négative (exemple : « *– Elle est tombée des escaliers ce matin et elle s'est cassé la jambe ! – Ah bon ! C'est chaud… !* »)

EXPRESSION ECRITE : « *CORRECTION DE PHRASES* »

Corrigez les phrases suivantes (*Cet exercice est basé sur des erreurs réelles, réalisées par des apprenants au cours d'un examen.*)

1) J'aime manger le fromage de chèvre.

2) Salut bijou, comme tu va ? Pour moi je vais très bien.

3) Tu sais comment j'ai passé ma vacance ?

4) Nous sommes bien amusés laba.

5) J'aime bien ce pays parce-que ils parlent anglais.

6) Les enfants sont bien profité les vacances.

7) Les enfants sont beaucoup nager. Ils sont fait du ski aussi.

8) Salut j'èsper que tu va bein.

9) Pour tu répondre à ta questions, …

10) Ici on payer beaucoup des téx. Souvent ses trop même.

11) Je te consaie de venire ici.

12) à très bientont mon ami.

13) Si tu veux changer de l'aire, pars à la vacance.

14) La France, cette une belle pays.

15) Je ferais tout mes possibles pour vous aider.

16) Ça mes faire plaisir.

17) Vous pouvez trouve rapide un travaillé dans le endroit touristic comme l'aeuroport.

18) Comme dire le français, un ne peux pas faire une omellette sans cacher des œufs.

19) Ça serai plaisir de te voir.

20) jespère tu prends le bon décision pour toi-même.

21) Vous etes peux rester ici en France.

22) Il y a des assouciation qui aides des jeunes.

23) Il donne a mangé gratuie.

24) Je n'ai vous cache pas que la vie ici est cher.

25) J'espère que vous n'aurez jamais déçu.

26) Il y a beaucoup des endroits pour se promener.

27) Je vous encourage de vinir ça vous aide du comprend bien la différence entre les deux pays.

28) En France c'est pas facile de trouve en logement, par fois ça prend beaucoup du temps.

29) Tu peux aussi allé à Disney.

30) J'ai choisi de m'instalée ici. J'espère que je progresserais en français.

31) C'est bien que tu veux prendre cette décision.

32) La vie un peu chère par rapport Italie.

33) Je suis contente que j'ai pris cette décision.

34) Pour moi, ma situation est stable et j'ai gagne mieux que avant.

35) J'ai pris d'expérience.

36) Les associations aides des jeunes et donne a mangé gratuie.

37) C'est bien de prendre une risque par fois.

38) Je vous encourage de vinir à la France.

39) Ça vous aidera du comprend bien la difference entre les deux pays.

40) Les possibilités de travail sont nombreuses, surtout à l'île de france.

41) Je te conseiller à venir ici, tu ne regretter pas.

EXPRESSION ECRITE : « CORRECTION DE PHRASES (SPECIAL ANGLOPHONES) »

Corrigez les phrases suivantes (*Cet exercice est basé sur des erreurs réelles commises par des apprenants anglophones*)

1) Je pense de faire … / Je pense d'aller à …

2) J'aimerais prêter un peu d'argent à mon beau-frère. Qu'est-ce que tu penses ?

3) Je veux étudier chimie.

4) J'ai le mal de mer, c'est pour ça je n'aime pas voyager en bateau.

5) Il est resté pour six ans en France.

6) L'ascenseur s'arrête sur tous les étages.

7) Il y a plein des arbres.

8) Je joue le foot toujours.

9) Je joue au foot beaucoup.

10) Notre cousin nous a visité.

11) Mes voisins sont mon âge.

12) Je fais du sport toutes les jours.

13) Pas beaucoup de gens trient leurs déchets.

14) Londres est bien connue d'être accueillante.

15) C'est plus bien de manger des fruits et des légumes.

16) Il faut qu'on fait des efforts.

17) Il y a des poubelles certaines pour le papier

18) Il a fait sûr qu'on mange bien.

19) J'ai parti en vacances.

EXPRESSION ECRITE : « *REECRITURE DE MOTS* »

Réécriture : Corrigez les erreurs présentes dans les mots / phrases

Le peyi

ilya

sa va

Le lais de vache

On a fer le spor

bocou

manifique

genti

a bien tôt

pas exemple

Compréhension écrite : « Expressions françaises »

Leçon : Voici quelques expressions couramment utilisées en français :
- « **Jeter l'argent par la fenêtre** » (*plus familier : balancer l'argent par la fenêtre*) : cela veut dire « *gaspiller de l'argent* ».
- « **Avoir les yeux plus gros que le ventre** » : cela veut dire « *voir trop grand* », « *se surestimer* », « *exagérer ses capacités* ». Cela peut aussi faire référence à la nourriture (il pense pouvoir manger un grand plat, mais il ne pourra pas car il a un faible appétit).
Exemple : il s'est inscrit à trois formations et il travaille en même temps. Il pense pouvoir y arriver mais **il a les yeux plus gros que le ventre** : *il ne pourra pas y arriver.*
- « **Mettre du beurre dans les épinards** » : Améliorer sa situation financière, ses revenus.
Exemple : « *Je fais des heures supplémentaires, ça me permet de mettre du beurre dans les épinards* ».
- « **Ne pas être dans son assiette** » : cela signifie « *ne pas être en forme* » voire « *être malade* ».
- « **Casser les pieds** » : embêter quelqu'un. « *Tu me casses les pieds[1], vraiment !* »
- « **Tourner autour du pot** » : hésiter à dire ce qui devrait être dit ; ne pas parler franchement.
- « **Poser un lapin à quelqu'un** » : ne pas venir à un rendez-vous ou à une rencontre, sans prévenir, alors que cela avait été prévu. « *On s'était fixé rendez-vous à 14h mais elle n'est jamais venue : elle m'a posé un gros lapin !* ».
- « **C'est la cerise sur le gâteau** » : c'est un détail qui rend la chose parfaite (on utilise souvent cette expression ironiquement, en disant le contraire de ce qu'on pense).
« *Il me doit de l'argent et en plus il me traite de radin[2] ! C'est la cerise sur le gâteau !* »

Exercice : Complétez les phrases avec une des expressions mentionnées. Adaptez selon la personne et le temps.

1) Mon mari achète une nouvelle voiture chaque année. Ça revient cher !

Je trouve qu'il _____.

2) Tu as vu Clément ? Il a l'air pâle.

J'ai l'impression qu'il _____.

3) Elle a commandé un menu XXL mais elle a mangé à peine la moitié !

Elle _____.

4) Après des semaines de recherche, j'ai décroché un stage et en plus je serai très bien payé ! c'est la

_____.

5) Le voisin écoute de la musique à fond toute la journée !

Il _____.

6) – Maman, tu vois, hier, j'étais avec Paul, tu sais, le voisin… et puis on est sortis dehors… et en fait, j'avais mon ballon avec moi, et…

– … Arrête de _____ ! Qu'est-ce qu'il s'est passé ?

8) On devait se voir devant le cinéma à 17h ! J'espère qu'il ne _____ !

---

[1] On peut dire aussi : « *tu me gonfles !* » (familier)
[2] Un **radin** est quelqu'un qui ne partage pas, qui est égoïste.

Theme : « *Aidez-moi !* »

Expression ecrite : « *Reponses et conseils a donner* »

Sujet : Que répondriez-vous à ces personnes ?

J'ai froid !	Tu devrais te couvrir.
　　　　　　　Tu devrais mettre un pull.
　　　　　　　Tu devrais t'habiller plus chaudement.

J'ai mal aux dents !

Je suis fatigué !

Je suis triste…

J'ai mal au ventre…

J'ai mal à la tête…

Je voudrais maigrir.

J'ai faim !

J'ai soif !

Je veux réussir mes examens !

Je voudrais trouver du travail.

Comprehension ecrite : « Je prends quel forfait ? »

Lecture

Une fille et sa grand-mère parlent des débuts du téléphone portable.

– *Grand-mère* : Tu sais, ma petite, avant, les téléphones portables coûtaient très cher ! Et ils n'étaient pas pratiques du tout, au départ. Ils étaient lourds et encombrants.

– *Fille* : C'est vrai, mamie ? mais les forfaits téléphoniques ne coûtaient pas cher, eux, pas vrai ?

– Oh, détrompe-toi ! Ça coûtait les yeux de la tête ! Un forfait de 2 heures par mois valait aux alentours de 30 € par mois ! Ce n'est pas rien !

– Eh ben ! C'est vrai que c'est pas donné !

– Ça c'est sûr ! Mais tout a changé lorsque l'opérateur Free est arrivé. Il a cassé les prix ! Les autres grands opérateurs, Orange et SFR, ont été forcés de s'aligner et ont dû baisser leurs prix.

– Hmm d'accord… C'était quand, ça ?

– En 2012 ! Je m'en souviens encore. On n'avait pas encore les supers smartphones qui existent aujourd'hui ! Le téléphone ne servait encore qu'à téléphoner et à s'envoyer des messages !

– Ah ah ! Oui, je vois ! Aujourd'hui, ça a bien changé ! On joue avec le téléphone, on va sur les réseaux sociaux, on prend des photos, on regarde des vidéos… bref, tout plein de choses !

– Eh oui ! Mais il ne faut pas être trop absorbé par ces machines très chronophages !

– Oui, c'est clair… Moi, je passe trop de temps sur le téléphone…
D'ailleurs, tu sais combien de temps les Français passent sur leur téléphone chaque jour, en moyenne ?

– Non, dis-moi ?

– Les jeunes, presque trois heures par jour !

– Quoi ?! Mais c'est énorme !

– Oui, c'est fou.
Moi-même, j'y passe pas mal de temps…
J'essaye de diminuer mais j'ai du mal, le téléphone c'est vraiment addictif !

– Fais comme moi ! Prends un vieux téléphone !

– Ah non ! Impossible de faire marche arrière !

① **Questions de compréhension**

a. Les forfaits téléphoniques d'avant étaient particulièrement onéreux.

| ❑ Vrai | ❑ Faux | ❑ On ne sait pas |

b. La baisse des tarifs a été décidée en concertation parmi les grands groupes téléphoniques.

| ❑ Vrai | ❑ Faux | ❑ On ne sait pas |

c. La fille pense qu'elle est raisonnable avec son téléphone.

| ❑ Vrai | ❑ Faux | ❑ On ne sait pas |

d. Elle fait plein de choses sur son téléphone au moyen de son forfait illimité.

| ❑ Vrai | ❑ Faux | ❑ On ne sait pas |

e. Elle est d'accord pour changer d'appareil afin de passer moins de temps dessus.

| ❑ Vrai | ❑ Faux | ❑ On ne sait pas |

② **Mettez ces phrases à l'imparfait.**

a. Un forfait téléphonique, ça coûte cher.

b. Les téléphones portables ne sont pas pratiques, pèsent lourd et coûtent cher.

c. Cet ordinateur ne vaut rien

d. Le téléphone ne sert pas qu'à téléphoner.

e. On reste deux heures par jour sur le téléphone.

f. Il essaye de changer ses habitudes.

g. Il veut faire marche arrière

h. Il prend du temps chaque jour pour appeler ses parents

③ **Choisissez le forfait téléphonique le plus intéressant. Justifiez votre choix.**

- 1ᵉʳ **choix : 6,99 € par mois.**

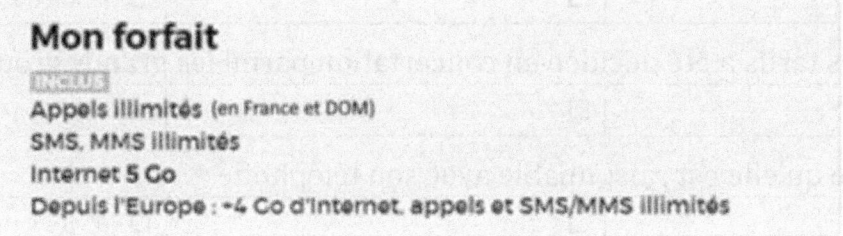

- 2ᵉᵐᵉ **choix :**

- 3ᵉᵐᵉ **choix :**

Quel est le meilleur forfait téléphonique ? La réponse peut dépendre de vos besoins.

UN MOT DE L'AUTEUR

Avant de me concentrer sur mon travail d'enseignant, j'ai suivi un parcours juridique ; titulaire d'une maîtrise en droit des affaires et de deux master 2, j'ai obtenu le CAPA (diplôme d'avocat) en 2013.

Par la suite, j'ai effectué de nombreuses années de cours particuliers et enseigné dans différentes structures (collège, lycée, associations) en tant que professeur de français, de lettres-histoires ou de langues étrangères. Je suis à présent enseignant en FLE (français langue étrangère).

J'ai essayé de mettre toute mon expérience dans ce cahier d'activités, et j'espère qu'il vous aura aidé à perfectionner votre français (ou celui de vos apprenants).

Si vous avez apprécié ce travail, je vous serais très reconnaissant de déposer un avis positif sur le livre. Merci par avance. Dans le cas contraire, n'hésitez pas à me faire part de vos suggestions (*contact@exercices-a-imprimer.com*). Vous pouvez également m'écrire si vous souhaitez la correction de certains exercices.

Je vous souhaite une très bonne continuation et beaucoup de réussite dans vos projets.

AUTRES OUVRAGES DU MEME AUTEUR

- « ***J'apprends le français !*** - Exercices de français avec corrigés (Niveaux A2 à B1) »
- « ***J'apprends à lire et à écrire*** - Exercices d'écriture et de lecture du français (pour débutants) »
- « ***Comment réussir ses études*** : conseils et méthodes pour exceller après le bac »
- « *L'essentiel du livre :* ***L'homme le plus riche de Babylone*** »

MENTIONS LEGALES

ISBN-13 : 9781087373522

Première publication : août 2019.

Dernière modification : octobre 2022.

Le Code de la propriété intellectuelle interdit les copies ou reproductions destinées à une utilisation collective. Toute représentation ou reproduction intégrale ou partielle faite par quelque procédé que ce soit, sans le consentement de l'auteur ou de ses ayant droit ou ayant cause, est illicite et constitue une contrefaçon sanctionnée par les articles L. 335-2 et suivants du Code de la propriété intellectuelle.

Made in the USA
Las Vegas, NV
02 April 2023